LA MÉTHODE DU MIROIR

Titre original : *Mirror Work*

Publié et diffusé pour la première fois au Royaume-Uni par Hay House UK.

Traduit de l'anglais par Charlène Feres.

ISBN : 978-2-8132-1424-9

www.editions-tredaniel.com

info@guytredaniel.fr

www.facebook.com/editions.tredaniel

Couverture et maquette : Bernard Biebel

Louise Hay

LA MÉTHODE DU MIROIR

21 JOURS POUR AMPLIFIER LES EFFETS DE LA PENSÉE POSITIVE

Cinquième édition

Guy Trédaniel éditeur
19, rue Saint-Séverin
75005 Paris

De la même auteure, *chez le même éditeur*

Oui je peux (coffret), 2016.

La vie vous aime (avec Robert Holden), 2016.

Vous pouvez guérir votre cœur (avec David Kessler), 2015.

Le Guide de la femme heureuse, 2014.

La Magie de la vie au quotidien: peindre le futur, 2013.

Tout va bien! (avec Mona Lisa Schulz), 2013.

Vous pouvez vous créer une vie exceptionnelle (avec Cheryl Richardson), 2012.

D'accord avec ton corps A-Z, 2011.

Couleurs et nombres. Votre guide personnel pour capter les ondes positives, 2011.

Petits Miracles de la vie, 2011.

Une pensée positive par jour, 2011.

Semez du positif en vous, 2011.

Les Pensées du cœur, 2010.

Transformez votre vie, 2010.

Cahier pratique pour transformer votre vie, 2010.

Le Moment présent, 2009.

À tous ceux qui sont désireux
de goûter aux joies de la « magie du miroir ».

Sommaire

Bienvenue

Bienvenue, mes chers. Je suis ravie de vous offrir ces 21 jours de développement personnel basés sur mon DVD *Loving Yourself.* Ces trois prochaines semaines, vous allez apprendre à transformer votre vie en vous regardant tout simplement dans un miroir.

Ce processus consiste à répéter vos affirmations face à votre miroir, en vous regardant profondément dans les yeux. C'est la méthode la plus efficace que j'ai trouvée pour apprendre à vous aimer et à voir le monde comme un endroit sûr et aimant. J'ai enseigné aux gens à travailler avec un miroir toute ma vie, en même temps que je partageais avec eux le pouvoir magique des affirmations. En termes simples, tout ce que nous disons ou pensons est une affirmation. Toutes vos pensées, tous vos dialogues intérieurs sont un flux constant d'affirmations. Ces affirmations sont des messages envoyés à votre subconscient, qui déterminent votre façon de penser et de vous comporter. Toute affirmation positive donne naissance à des pensées et des idées guérisseuses qui vous aident à développer votre confiance en vous et votre estime de soi, tout en vous reconnectant à votre joie intérieure et à votre propre paix d'esprit.

Les affirmations les plus puissantes sont celles que vous dites à haute voix lorsque vous êtes devant votre miroir, car celui-ci reflète les véritables sentiments que vous éprouvez à votre égard. Il vous aide à prendre immédiatement conscience de là où résident vos résistances et où vous êtes ouvert et libre. Il vous montre clairement quelles pensées vous devrez changer si vous souhaitez mener une vie joyeuse et épanouissante.

En utilisant votre miroir comme un outil d'évolution, vous remarquerez que vous devenez beaucoup plus conscient des mots que vous choisissez et des choses que vous faites. Vous apprendrez également à prendre réellement soin de vous, plus que jamais auparavant. Lorsque quelque chose de bénéfique se produit dans votre vie, vous pouvez vous adresser à votre miroir de la façon suivante : « Merci, merci. C'est formidable ! Merci pour tout. » Et lorsqu'au contraire il s'agit de quelque chose que vous considérez comme négatif, vous pouvez contempler votre reflet et dire :

« Au fond, tout va bien et je t'aime. Ça finira par passer. Mais moi je t'aime, et ça c'est éternel. »

Pour la plupart d'entre nous, s'asseoir devant un miroir et être face à nous-mêmes n'est pas forcément chose facile, surtout au début. C'est pour cela que je définis ce processus comme étant un véritable travail. Mais à mesure que vous continuez, vous verrez que vous devenez de moins en moins critique à votre égard et que le travail se transforme en jeu ! Je vous assure que très vite votre miroir deviendra votre meilleur compagnon, passant du statut d'ennemi à celui de meilleur ami.

Travailler avec un miroir est l'un des plus beaux cadeaux que vous pouvez vous faire. Vous n'avez besoin que d'une seconde pour vous dire : « Salut toi ! », ou : « Tu rayonnes aujourd'hui », ou : « C'est amusant, non ? » Il est si important de vous offrir de petits messages positifs tout au long de la journée. Plus vous utiliserez votre miroir pour vous complimenter, vous approuver et vous soutenir dans les moments difficiles, plus vous approfondirez et apprécierez votre propre relation à vous-même.

Peut-être vous demandez-vous maintenant pourquoi ce programme dure 21 jours ? Pouvez-vous vraiment transformer votre vie en seulement trois semaines ? Peut-être pas entièrement, mais vous pouvez planter les graines des changements que vous souhaitez intégrer. En continuant à travailler avec votre miroir, ces graines germeront pour devenir de nouvelles habitudes, des schémas de pensée sains qui vous ouvrent grand la porte vers une vie joyeuse et épanouissante.

Alors, allons-y !

Première semaine

JOUR 1

UN CHEMIN VERS L'AMOUR DE SOI

Il est si important de savoir s'aimer. Il vous suffit d'un simple miroir pour vous aider à révéler et construire la relation la plus importante de votre vie : votre relation avec vous-même.

Alors que vous commencez votre travail personnel face à votre miroir, cela peut vous sembler facile, voire stupide. Et de nombreuses choses que je vais vous suggérer au cours des 21 prochains jours vous paraîtront, à première vue, peut-être trop simples pour faire une différence. Mais j'ai appris que les actions les plus simples sont souvent les plus importantes. Une simple petite modification de votre façon de penser peut conduire à d'énormes changements dans votre vie.

Chaque jour, nous aborderons un nouveau thème. Je commencerai par partager avec vous quelques réflexions et contemplations sur ce sujet, puis vous aurez à effectuer un exercice face à votre miroir, que je souhaite que vous répétiez tout au long de la journée. Vous pouvez commencer dès le matin en effectuant cet exercice face à votre miroir de salle de bains, puis pendant la journée, vous pouvez le répéter chaque fois que vous passez devant un miroir ou que vous apercevez votre reflet. Vous pouvez également emporter avec vous un miroir de poche pour continuer de vous exercer dès que vous avez quelques minutes de libres.

Je vous encourage vivement, tout au long de ces trois semaines, à tenir un journal dans lequel vous pouvez inscrire vos pensées et vos sentiments au fur et à mesure de votre progression. Cela vous aidera à être conscient de votre propre processus d'évolution. Chaque jour, je vous donnerai un exercice à consigner dans votre journal, vous suggérant quelques questions pour vous aider à démarrer votre réflexion personnelle. Je crois fermement que nous avons tous en nous un pouvoir qui nous est propre, un soi supérieur connecté à la puissance universelle, qui nous aime, nous soutient et nous offre constamment tout ce dont nous avons besoin. Tenir un journal vous aidera à vous relier consciemment à cette force et vous verrez que vous portez déjà en vous tout ce qui vous est nécessaire pour grandir et changer.

Chaque jour, je partagerai également avec vous ce que j'appelle une « pensée du cœur », ainsi qu'une affirmation pour vous aider à intégrer le thème du jour et passer à l'action. Pour finir, je vous offre une méditation guidée. Chaque soir, avant de vous coucher, je vous suggère de vous asseoir tranquillement et de réfléchir à la façon dont ces idées peuvent améliorer votre vie et la rendre plus agréable et plus fluide. Puis vous pouvez fermer les yeux et effectuer votre méditation.

VOTRE 1ER EXERCICE FACE AU MIROIR

1. Tenez-vous debout bien droit, ou assis devant votre miroir de salle de bains.
2. Regardez-vous dans les yeux.
3. Prenez une profonde inspiration et avec amour et assurance, dites-vous : « Je veux t'aimer. Je veux vraiment apprendre à t'aimer. Alors, c'est parti ! Amusons-nous ! »
4. Prenez une nouvelle profonde inspiration et dites-vous : « J'apprends à t'aimer de tout mon cœur. J'apprends à t'aimer de tout mon cœur. »

5. C'est le tout premier exercice et je sais qu'il peut être un peu difficile, mais accrochez-vous ! Continuez de respirer profondément. Continuez à vous regarder droit dans les yeux en souriant. Utilisez votre propre nom : « [Nom], je suis prêt à apprendre à t'aimer. Je suis prêt à apprendre à t'aimer. »
6. Tout au long de la journée, chaque fois que vous passez devant un miroir ou apercevez votre reflet, s'il vous plaît, répétez-vous ces affirmations, même si vous avez à le faire silencieusement.

Au début, vous exercer ainsi à vous parler seul face à un miroir peut provoquer de drôles de sentiments. Vous pouvez vous sentir bête, ou penser qu'il est stupide de répéter ces affirmations. Vous pouvez même ressentir de la colère ou avoir envie de pleurer. C'est parfait et, en fait, c'est tout à fait normal. Quoi qu'il arrive, souvenez-vous que vous n'êtes pas seul, je suis passée par là moi aussi, et je vous soutiens de tout mon cœur. Alors, quoi que vous ressentiez aujourd'hui, n'oubliez pas : demain est un nouveau jour !

LE POUVOIR EST EN VOUS : VOTRE 1ER EXERCICE DE RÉFLEXION

1. Après avoir terminé votre tout premier exercice du matin face à votre miroir, notez dans votre journal vos sentiments et vos observations. Vous êtes-vous senti en colère, bouleversé ou idiot ?
2. Six heures après avoir terminé votre premier exercice, écrivez à nouveau vos sentiments et toute nouvelle observation. Vous avez continué toute la journée à pratiquer vos affirmations, mentalement ou face à votre miroir, commencez-vous à croire en ce que vous vous dites ?
3. Au cours de la journée, restez à l'écoute de tout changement dans votre comportement ou dans vos croyances. Est-ce que ce premier exercice vous semble désormais facile ou ressentez-vous encore quelques réticences ?
4. Enfin, le soir avant d'aller vous coucher, consignez tout ce que vous avez appris sur vous et comment votre propre regard sur vous-même a déjà évolué.

VOTRE 1RE PENSÉE DU CŒUR : « JE SUIS OUVERT ET RÉCEPTIF »

Si nous entamons ce travail pour améliorer notre vie mais qu'une partie de nous reste persuadée que nous n'en valons pas la peine, nous ne croirons pas les mots que nous nous offrons en nous regardant dans le miroir. Le découragement se fera vite ressentir et nous porterons naturellement le blâme sur ce processus, en pensant que « ça ne marche pas » ou que « ça ne marche pas pour moi ».

La vérité est que, que vous croyiez ou non en cette méthode n'a en fait rien à voir avec l'usage d'un miroir, les affirmations utilisées ou la méthode en elle-même. Le problème vient du fait que vous ne croyez probablement pas mériter tout le bien que la vie a à vous offrir.

Si telle est votre croyance, alors affirmez à voix haute : « Je suis ouvert et réceptif. »

VOTRE 1RE MÉDITATION : AIMEZ-VOUS

Chacun d'entre nous a la capacité de s'aimer bien plus encore que nous ne nous aimons aujourd'hui. Et chacun de nous mérite d'être aimé. Nous méritons tous de bien vivre, d'être en bonne santé, d'aimer, d'être aimé et de prospérer. Et chaque petit enfant caché en nous mérite de grandir et de devenir un adulte merveilleux.

Imaginez-vous entouré d'amour. Sentez-vous empli de bonheur, en parfaite santé et entièrement satisfait. Visualisez votre vie comme vous voudriez qu'elle soit, dans tous ses moindres détails. Et surtout, souvenez-vous que vous méritez le meilleur.

Puis, sentez tout l'amour dans votre cœur s'écouler doucement et se répandre partout dans votre corps jusqu'à vous englober, vous et tout ce qui vous entoure. Visualisez les êtres qui vous sont chers assis à vos côtés. Laissez cet amour se déverser sur ceux se trouvant sur votre gauche, les enveloppant de pensées réconfortantes. Entourez-les d'amour et de soutien, souhaitez-leur le meilleur. Puis laissez votre amour s'écouler désormais sur votre droite. Encerclez vos bien-aimés d'énergies de guérison et d'amour, de paix et de lumière. Laissez votre amour circuler partout dans la pièce jusqu'à ce que vous soyez assis au centre d'un énorme cercle d'amour.

Sentez l'amour circuler, voyez comme il s'élance hors de vous et vous revient multiplié.

L'amour est la force de guérison la plus puissante qui soit. Partagez cet amour avec le monde ! Offrez-le en silence à tous ceux que vous rencontrez. Aimez-vous vous-même. Aimez-vous les uns les autres. Aimez la planète et souvenez-vous que nous sommes tous un. Ainsi soit-il !

JOUR 2

MIROIR, MIROIR, MON AMI

C'est en vous exerçant face à votre miroir que vous apprendrez à mieux vous connaître et à voir au-delà de vos anciennes croyances.

Ce n'est que le deuxième jour et vous commencez tout juste à apprendre à vous aimer et à vous apprécier. Continuez ! Chaque jour que vous passez à rééduquer votre façon de penser vous aidera à effacer les anciens messages négatifs que vous avez pris l'habitude de répéter inlassablement depuis si longtemps. Le regard que vous portez sur vous-même et sur la vie en général se transformera, vous serez plus souriant et il vous sera plus facile de vous regarder dans un miroir. Vous verrez, très bientôt, vos affirmations vous seront devenues naturelles et parfaitement sincères.

Maintenant, j'aimerais que vous sortiez votre miroir de poche ou que vous alliez à votre miroir de salle de bains. Détendez-vous et respirez. Regardez-vous dans le miroir, puis, en utilisant votre nom, dites : « [Nom], je t'aime. Je t'aime vraiment beaucoup. »

Répétez-le encore deux fois : «Je t'aime. Je t'aime vraiment beaucoup. Je t'aime. Je t'aime vraiment beaucoup. »

Comment vous sentez-vous ? Vous pouvez être honnête et dire que c'est étrange ou stupide, parce que c'est étrange et stupide au tout début. Ou peut-être cet exercice vous semble-t-il difficile. Ne cultivez aucune culpabilité et acceptez pleinement ce que vous ressentez, sans jugement. Vous n'avez peut-être jamais essayé de vous aimer inconditionnellement auparavant, alors qui peut dire ce que vous êtes censé ressentir ? Quoi que vous ressentiez, c'est un début et un très bon point de départ.

Je sais que vous dire « je t'aime » est difficile pour la plupart d'entre vous. Mais je sais aussi que vous pouvez le faire, et je suis très fière de vous voir vous accrocher. Je vous promets que plus vous continuerez, plus cela deviendra facile.

Si jamais vous trouvez qu'il vous est trop difficile de vous dire « je t'aime », alors essayez quelque chose de plus facile et de sincère, tel que : «Je suis prêt à apprendre à t'aimer. J'apprends à t'aimer. »

Lorsque vous vous regardez dans votre miroir, je voudrais que vous vous imaginiez tel que vous étiez étant enfant, alors que vous veniez tout juste d'entrer en maternelle. Cet enfant est toujours en vous. Adressez-vous à votre enfant intérieur en utilisant votre nom : « [Nom], je t'aime. Je t'aime vraiment beaucoup. » Cette fois-ci, comment vous sentez-vous ?

Plus vous pratiquerez vos affirmations positives face à votre miroir, plus ce sera facile. Mais n'oubliez pas que cela prendra du temps. C'est pourquoi je voudrais que vous preniez l'habitude de faire ce travail aussi souvent que possible. Dès le matin, au réveil, souriez-vous et offrez-vous un compliment. Emportez un miroir de poche où que vous alliez, de sorte que vous puissiez le sortir souvent et continuer de vous parler avec amour.

Affirmons ensemble : «Je suis magnifique. Je suis extraordinaire. Il est facile de m'aimer. »

VOTRE 2E EXERCICE FACE AU MIROIR

1. Placez-vous devant votre miroir de salle de bains.
2. Regardez-vous dans les yeux.

3. En utilisant votre nom, répétez à voix haute l'affirmation suivante : « [Nom], je t'aime. Je t'aime vraiment beaucoup. »
4. Prenez quelques instants pour le redire une ou deux fois de plus : « Je t'aime vraiment, je t'aime de tout mon cœur, [Nom]. »
5. Continuez à répéter cette affirmation encore et encore. Je veux que vous puissiez vous l'adresser au moins cent fois par jour. Oui, c'est exact : cent fois par jour. Je sais que cela semble beaucoup, mais honnêtement, cela va tout seul une fois que vous avez pris le rythme !
6. Donc chaque fois que vous passez devant un miroir ou apercevez votre reflet, répétez votre affirmation : « [Nom], je t'aime. Je t'aime vraiment beaucoup. »

Si vous avez du mal à vous dire « je t'aime », c'est probablement parce que vous vous jugez, en répétant de vieux schémas de pensée négatifs. Alors, s'il vous plaît, commencez par arrêter de vous juger, parce que vous vous jugez ! Détendez-vous, respirez et continuez simplement de vous adresser vos affirmations quotidiennes. Votre persévérance finira par payer ! Et souvenez-vous : vous vous engagez à énoncer une affirmation qui est vraie. Car en vérité, quand nous arrêtons de nous juger, nous nous aimons !

Avoir un mouchoir à portée de main peut s'avérer utile lorsque vous vous exercez face à votre miroir, parce que ce travail peut être très évocateur et réveiller quelques émotions bien enfouies. Nous sommes souvent nos critiques les plus virulents, aussi, lorsque nous commençons à nous aimer à nouveau, nous devenons conscients des attitudes néfastes et destructrices que nous portons depuis longtemps et cela peut parfois nous rendre tristes. Mais il est bénéfique que ce chagrin soit enfin libéré. Alors, autorisez-vous à ressentir toutes vos émotions et acceptez-les sans jugement. Le travail face au miroir est là pour vous aider à développer votre amour-propre et à vous accepter tel que vous êtes.

Je vous ai vivement encouragé à commencer vos exercices dès le matin, car, souvent, c'est le moment le plus difficile : nous sommes tous tellement persuadés que nous ne sommes pas à notre avantage au saut du lit ! Mais ce n'est qu'un jugement de plus, alors je vous invite à vous regarder réellement, à vous voir pour de vrai, peu importe l'heure et l'occasion, sans aucune pensée dépréciative. C'est là, dans l'acceptation totale, que vous verrez qui vous êtes vraiment.

LE POUVOIR EST EN VOUS : VOTRE 2E EXERCICE DE RÉFLEXION

La vie est extrêmement simple : ce que nous donnons nous revient. Dans votre journal, répondez aux questions suivantes :

1. Qu'est-ce que vous désirez, mais que vous n'obtenez pas ?
2. Lorsque vous étiez jeune, quelles étaient les règles de conduite à suivre pour mériter de recevoir quoi que ce soit ? Deviez-vous *gagner* pour mériter quelque chose ? Est-ce que l'on vous punissait en vous retirant un bien ou en vous ôtant votre liberté d'action lorsque vous commettiez une *mauvaise action* ?
3. Pensez-vous que vous méritez de vivre ? D'être joyeux ?... Si non, pourquoi ?

Lorsque vous répondez à ces questions, prêtez également attention aux émotions que vous ressentez et inscrivez-les dans votre journal.

VOTRE 2E PENSÉE DU CŒUR : « JE MÉRITE LE MEILLEUR »

Parfois, nous refusons de faire tout notre possible afin de nous créer une vie harmonieuse, parce que nous croyons que nous ne la méritons pas. Cette croyance peut provenir de notre petite enfance ou de nos expériences passées. Nous sommes peut-être sous le joug d'un concept ou d'une opinion extérieure qui n'a rien à voir avec notre propre réalité.

Mériter et *être bon* n'ont strictement rien à voir ensemble. C'est notre incapacité à accepter de la vie ce qui est bon qui nous empêche de le recevoir. Alors, autorisez-vous à accepter le meilleur, que vous pensiez le mériter ou non.

VOTRE 2E MÉDITATION : UN CERCLE D'AMOUR

Visualisez-vous debout au centre d'un espace dans lequel vous vous sentez en parfaite sécurité. Ici, vous pouvez vous libérer de vos fardeaux, de vos douleurs et de vos peurs. Laissez tomber tous les anciens schémas négatifs et toutes les dépendances. Voyez-les vraiment tomber de chaque côté. Ouvrez grand les bras et dites aussi fort que vous le pouvez: «Je suis ouvert et réceptif.» Que souhaitez-vous recevoir? Ne vous concentrez que sur ce que vous voulez vraiment, et non pas sur ce que vous ne voulez pas. Visualisez-vous en bonne santé, satisfait et en paix. Voyez-vous rempli d'amour.

Puis, de là où vous vous trouvez, ressentez votre connexion avec le monde entier. Laissez l'amour qui danse en vous aller de cœur en cœur, d'une personne à l'autre, jusqu'à l'infini. Souvenez-vous que cet amour vous reviendra multiplié. Envoyez à tous des pensées réconfortantes et sentez comme elles vous reviennent.

Sur cette planète, nous pouvons prendre place dans un cercle de haine, ou nous pouvons choisir d'être au sein d'un cercle d'amour et de guérison. Je crois sincèrement que nous souhaitons tous les mêmes choses: se sentir en paix et en sécurité, avoir le droit de nous exprimer de façon créative et satisfaisante. Et, personnellement, je choisis d'être dans un cercle d'amour.

Alors vous aussi, voyez le monde comme un gigantesque cercle d'amour. Ainsi soit-il!

JOUR 3

EXAMINEZ VOS PENSÉES ET VOS CROYANCES

C'est en changeant la façon dont vous vous adressez mentalement à vous-même, en vous libérant de vos anciens schémas de pensée négatifs, que vous pourrez mieux vivre dès aujourd'hui, en vous ancrant dans le moment présent.

Maintenant que vous voilà au troisième jour de votre travail, ressentez-vous un lien plus étroit avec votre ami miroir ? Chaque jour que vous passez à vous parler avec tendresse, vous augmentez vos chances de tomber irrémédiablement amoureux de vous-même ! Avez-vous remarqué combien, de jour en jour, il devient plus facile de répéter vos affirmations positives avec conviction ?

La meilleure façon de vous aimer est de vivre pleinement l'instant présent. Et le meilleur moyen de vivre « ici et maintenant » est de commencer par vous libérer de tous les messages négatifs et de toutes les croyances provenant de votre passé. Alors aujourd'hui, j'aimerais travailler avec vous à changer ce que j'appelle votre dialogue intérieur : ce que vous vous dites à vous-même dans votre tête.

Trop souvent, nous acceptons les premiers messages de nos parents, de nos enseignants et de nombreuses figures d'autorité. On vous a probablement déjà dit : « Arrête de pleurer comme un bébé », « Tu ne nettoies jamais ta chambre » et « Pourquoi n'as-tu pas fait ton lit ? » Et afin d'être aimé, vous avez fait ce que les autres vous ont dit de faire. Si, lorsque vous étiez jeune, l'acceptation et l'amour étaient conditionnels, vous avez peut-être conçu l'idée que vous n'étiez acceptable que si vous faisiez certaines choses et vous comportiez d'une certaine façon. Cependant, il est bon de vous rappeler que l'approbation des autres était basée sur leur idée de ce qui avait de l'importance et n'avait rien à voir avec votre propre valeur.

Ces premiers messages sont les fondations sur lesquelles s'est construit notre dialogue intérieur. La façon dont nous nous parlons intérieurement est capitale parce qu'elle devient notre façon de parler à voix haute, l'état d'esprit à partir duquel nous opérons et donc les expériences que nous attirons. Si nous nous rabaissons, la vie n'aura pas une grande valeur pour nous. Cependant, si nous nous aimons et nous apprécions, alors la vie peut être un joyeux et merveilleux cadeau.

Si votre vie n'est pas satisfaisante ou si vous vous sentez inutile, il est très facile de rejeter le blâme sur vos parents, ou sur le tout-puissant « eux », et dire que c'est leur faute. Toutefois, si vous faites cela, vous resterez coincé dans vos problèmes et vos frustrations. Le blâme ne libère personne.

Vos paroles ont un pouvoir immense. Alors, écoutez attentivement ce que vous vous dites. Si vous vous surprenez à utiliser des mots négatifs ou limitatifs, vous pouvez les modifier. S'il m'arrive d'entendre une histoire négative, je ne vais pas m'empresser de la répéter à tout le monde. Je pense que cette histoire est déjà allée assez loin comme cela, et je la laisse se dissoudre. Mais si j'entends une belle histoire positive, alors celle-là, je la partage avec tout le monde !

Lorsque vous êtes en compagnie d'autres personnes, prêtez bien attention à ce qu'ils disent et à la façon dont ils le disent. Voyez si vous pouvez relier ce qu'ils disent avec ce qu'ils vivent. Tellement de personnes vivent leur vie selon le tout-puissant « je devrais ». « Je devrais » est une expression que j'entends partout et à laquelle je suis très sensible. C'est comme si une alarme se déclenchait dans ma tête chaque fois que je l'entends. J'ai entendu certaines personnes la répéter jusqu'à douze fois en un seul paragraphe ! Et ces mêmes personnes se demandent pourquoi leur vie est si rigide, ou pourquoi elles ne peuvent pas accepter les choses telles qu'elles sont. Elles veulent avoir le contrôle sur des choses qu'elles ne peuvent pas contrôler. Elles sont occupées soit à dire aux autres qu'ils ont tort, soit à se faire du tort à elles-mêmes.

Vous pouvez vous entraîner à avoir un dialogue intérieur positif lorsque vous êtes face à votre miroir : il vous suffit de ne faire que des déclarations positives. Si le dialogue intérieur négatif de votre enfance apparaît, vous pouvez immédiatement le transformer en une affirmation positive. Par exemple, « Tu ne fais jamais rien de bien ! » pourrait devenir : « Je suis une personne capable et je peux parfaitement gérer n'importe quelle situation. » En écoutant attentivement ce que vous vous dites, et ce que les autres racontent, vous pouvez devenir plus conscient de ce que vous dites, de comment et de pourquoi vous le dites. Cette prise de conscience vous aidera à changer votre dialogue intérieur en affirmations qui nourriront et guériront votre corps et votre esprit. Quelle merveilleuse façon de vous aimer !

Affirmons ensemble : « Je me libère de tous les messages négatifs du passé. Je vis dans le moment présent. »

VOTRE 3E EXERCICE FACE AU MIROIR

1. Tenez-vous debout ou assis devant votre miroir de salle de bains.
2. Regardez-vous dans les yeux.
3. Répétez l'affirmation suivante : « Tout ce que je me dis, je le dis avec amour. »
4. Continuez à le répéter : « Tout ce que je me dis devant ce miroir, je le dis avec amour. »
5. Certaines déclarations négatives de votre enfance vous trottent-elles encore dans la tête ? Peut-être vous êtes-vous entendu dire des choses telles que : « Tu es stupide » ou « Tu n'es pas assez bon », etc. Prenez le temps de travailler avec ces déclarations négatives en les transformant en affirmations positives : « Je suis intelligent. Je suis plus intelligent que je ne le pense. Je suis un génie empli d'idées créatives.

Je suis une personne magnifique. Je suis facile à aimer. Je mérite d'être aimé. »

6. Choisissez une ou deux de ces nouvelles affirmations positives et répétez-les encore et encore. Continuez jusqu'à ce que vous vous sentiez parfaitement à l'aise et sincère.
7. Chaque fois que vous passez devant un miroir ou apercevez votre reflet dans une fenêtre tout au long de la journée, arrêtez-vous et répétez ces affirmations affectueuses.

LE POUVOIR EST EN VOUS : VOTRE 3E EXERCICE DE RÉFLEXION

1. Avez-vous répété une histoire négative aujourd'hui ? Notez combien de fois vous l'avez répétée et à combien de personnes. Puis écrivez quelque chose de positif que vous pourriez dire demain à ces mêmes personnes. Quelque chose qui les aiderait

à se sentir plus à l'aise avec elles-mêmes et avec le monde autour d'elles.

2. Sur une ligne, écrivez : « Je devrais » et en dessous, faites une liste de mots que vous pouvez utiliser pour le remplacer. Vous pourriez par exemple commencer par les mots : « Je pourrais »...
3. Inscrivez plusieurs des nouvelles affirmations positives que vous avez apprises aujourd'hui sur votre miroir, afin que vous puissiez vous les adresser (avec amour !) chaque fois que vous les apercevez.

VOTRE 3E PENSÉE DU CŒUR : « J'AI TOUJOURS LE CHOIX »

La plupart d'entre nous sont emplis d'idées ridicules à propos de nous-mêmes et de listes interminables de règles sur la façon dont la vie devrait être vécue. S'il vous plaît, commençons par supprimer tout de suite le mot « devrais » de notre vocabulaire, pour toujours. C'est un mot qui nous emprisonne. Chaque fois que nous disons « je devrais », nous nous faisons du mal. Et chaque fois que nous disons « tu devrais », ou « vous devriez », nous heurtons quelqu'un d'autre. Car en fait, cela revient à dire que quelque chose, ou quelqu'un, n'est pas assez bien.

Que pouvez-vous déjà retirer de votre liste de « Je devrais » ? Remplacez le mot « devrais » par le mot « pourrais ». Contrairement au verbe « devoir », le verbe « pouvoir » laisse entendre que le pouvoir de choisir vous appartient, vous avez le choix et vous êtes libre. Nous devons être conscients que tout ce que nous faisons dans la vie, nous le faisons par choix. Nous n'avons aucune obligation à tenir. Nous avons toujours le choix.

VOTRE 3^E^ MÉDITATION : VOUS MÉRITEZ D'ÊTRE AIMÉ

Voyez-vous entouré d'amour. Visualisez-vous heureux, en bonne santé. Sentez-vous complet et parfaitement satisfait. Imaginez votre vie exactement comme vous voudriez qu'elle soit dans ses moindres détails. Et sachez que, quoi que vous souhaitiez, vous le méritez. Puis prenez l'amour logé dans votre cœur et laissez-le doucement s'écouler, remplissant votre corps d'énergies guérisseuses. Laissez votre amour emplir toute la pièce, englober votre maison et grandir jusqu'à ce que vous soyez au centre d'un cercle d'amour infini. Sentez l'amour circuler. Sentez combien, alors même qu'il s'échappe de vous, il vous revient, multiplié.

L'amour est la force de guérison la plus puissante qui soit.

Laissez-le entièrement imbiber votre corps. Vous êtes cet amour. Ainsi soit-il !

JOUR 4

LIBÉREZ-VOUS DU PASSÉ

Aujourd'hui, vous commencez à lâcher prise, à libérer le blâme, à pardonner, et à aller de l'avant.

Comment allez-vous depuis hier ? Sentez-vous que vous apprenez à lâcher certaines de vos blessures passées et à rendre votre discours intérieur plus positif et plus aimant ? Je suis si fière de vous, de l'amour et du courage qui vous poussent chaque jour à continuer ces leçons pour reprogrammer tous vos vieux schémas de pensée.

Depuis notre naissance, chaque message que nous avons reçu, tout ce que nous avons dit, tout ce que nous avons fait, tout ce que nous avons connu a été enregistré et stocké dans notre deuxième cerveau, notre centre émotionnel : notre ventre. J'aime imaginer qu'il y a là-dedans de minuscules messagers et que toutes nos pensées et toutes nos expériences sont enregistrées, classées et placées dans les dossiers appropriés.

Beaucoup d'entre nous ont accumulé de nombreux dossiers aux étiquettes dévalorisantes : « Je ne suis pas assez bien. Je n'y arriverai jamais. Je ne fais rien comme il faut. » Nous sommes enterrés sous des montagnes de vieux enregistrements négatifs.

Mais aujourd'hui, nous allons surprendre ces petits messagers ! Nous allons faire notre travail quotidien face à notre miroir et leur envoyer de nouveaux messages : « Je suis prêt à lâcher prise. Je me libère de tout ressentiment. Je suis prêt à pardonner. » Imaginez un peu leur tête lorsqu'ils recevront ces affirmations ! Ils se diront probablement : « Qu'est-ce que c'est que ça ? Dans quel dossier on les range ? On n'a jamais vu ça avant ! »

Pouvez-vous imaginer combien il serait merveilleux d'intégrer chaque jour de nouvelles façons de vous libérer du passé et de faire fleurir votre vie de façon plus harmonieuse ? Chers lecteurs, vous avez déjà commencé depuis que vous faites votre travail quotidien avec votre miroir ! Chaque jour, vous vous nettoyez de toute négativité et vous vous libérez des blocages du passé. Chaque fois que vous vous dites avec amour une de ces affirmations, vous vous défaites d'une ancienne couche. Quelles sont les couches de votre passé qui vous empêchent de vivre une vie heureuse et épanouissante aujourd'hui ? Quels sont les blocages qui vous empêchent de pardonner votre passé et vous-même ?

Je crois que nous avons souvent du mal à identifier ces blocages, car nous ne savons pas réellement ce dont nous souhaitons nous libérer. Nous savons ce qui ne fonctionne pas dans notre vie et nous savons ce que nous voulons y attirer, mais nous ne savons pas ce qui nous retient.

Tout dans votre vie est un reflet de ce que vous êtes. Tout comme un miroir reflète votre image, vos expériences reflètent vos croyances intérieures. Vous pouvez littéralement déterminer quelles sont vos croyances rien qu'en observant vos expériences. Si vous étudiez attentivement les personnes présentes dans votre vie, vous verrez qu'elles reflètent toutes une certaine croyance que vous avez à propos de vous-même. Si vous êtes constamment la cible de critiques sur votre lieu de travail, c'est probablement parce que vous êtes vous-même très critique. Peut-être êtes-vous à présent devenu ce parent qui vous critiquait lorsque vous étiez enfant.

Souvenez-vous : si quelque chose dans votre vie vous pèse et devient inconfortable, vous avez la possibilité de l'étudier en conscience et de vous demander : « De quelles façons est-ce que je contribue à cette expérience? Qu'est-ce qui, en moi, croit que c'est tout ce que je mérite? Comment puis-je transformer cette croyance? Comment puis-je me pardonner, pardonner à mon passé, apprendre à lâcher prise et continuer à avancer?»

Affirmons ensemble: «Je me libère de mes anciennes limites et croyances. Je lâche prise et je suis en paix.»

VOTRE 4E EXERCICE FACE AU MIROIR

1. Placez-vous devant votre miroir de salle de bains.
2. Prenez une profonde inspiration et, en expirant lentement, permettez à toute tension de quitter votre corps.
3. Concentrez votre attention sur votre front et imaginez que vous appuyez sur un bouton qui éjecte un disque dur sur lequel sont gravées toutes vos anciennes croyances et toutes vos pensées négatives. Visualisez-vous en train d'extraire cet enregistrement de votre tête et de le jeter à la poubelle.

4. Maintenant, regardez-vous profondément dans les yeux et dites-vous : « Désormais, je n'enregistre que des croyances et des affirmations neuves et positives. »
5. Répétez ces affirmations à voix haute : « Je suis prêt à lâcher prise. Je me libère. Je lâche prise. Je relâche toute tension. Je libère toute peur. Je libère toute colère. Je libère toute culpabilité. Je libère toute tristesse. Je libère toutes anciennes limites et croyances. Je lâche prise et je suis en paix. Je suis en paix avec moi-même. Je suis en paix avec le processus de la vie. Je suis en sécurité. »
6. Répétez chacune de ces affirmations deux ou trois fois.
7. Tout au long de la journée, chaque fois que des pensées difficiles resurgissent, sortez votre miroir de poche et répétez à nouveau ces affirmations. Familiarisez-vous avec elles, afin que leur répétition devienne une partie intégrante de votre routine quotidienne.

LE POUVOIR EST EN VOUS : VOTRE 4^E EXERCICE DE RÉFLEXION

1. Je constate que la plupart des problèmes dans notre vie sont causés par ce que j'appelle le « grand quatuor » : la critique, la peur, la culpabilité et le ressentiment. Dans votre journal, créez quatre colonnes et dans chacune d'elles, inscrivez l'un de ces quatre mots. Prenez le temps de réfléchir au rôle que chacun de ces bourreaux joue dans votre vie et écrivez vos pensées et sentiments dans la colonne appropriée.
2. Concentrez maintenant votre attention sur les deux catégories dans lesquelles vous avez le plus écrit et ajoutez dix affirmations positives à chacune. Par exemple, si l'une de vos catégories est le ressentiment, vous pourriez écrire des affirmations telles que : « Je choisis de me libérer de toute blessure et de tout ressentiment dès maintenant. Plus je m'en libère, plus j'ai d'amour à partager. »
3. Tout, dans notre vie, est un reflet de ce que nous sommes. Pensez aux personnes dans votre vie qu'il vous semble difficile

d'aimer. Quels sont les traits de caractère qui vous dérangent le plus chez elles ? Inscrivez-les sous votre tableau.

4. Regardez les défauts (ou qualités) que vous avez énumérés à l'étape précédente. Notez comment chacun de ces traits reflète une croyance que vous avez à propos de vous-même. N'oubliez pas de noter également ce que vous avez appris sur vous-même en faisant les exercices d'aujourd'hui.

VOTRE 4E PENSÉE DU CŒUR : « JE PEUX LÂCHER PRISE »

Nous créons des habitudes et des modèles de fonctionnement parce que, d'une certaine manière, ils nous servent. C'est incroyable de voir combien de maladies nous nous créons parce que nous voulons punir un parent. Dans la plupart des cas, ce n'est absolument pas conscient. Mais quand nous commençons à regarder en nous-mêmes, nous pouvons identifier l'habitude, le schéma de fonctionnement, qui nous a discrètement mené jusque-là. Nous nageons dans la négativité et le fatalisme parce que nous ne savons pas comment gérer autrement certains aspects de la vie. Si c'est aussi le cas pour vous, demandez-vous : « De quoi est-ce que je me sens coupable ? Contre qui suis-je réellement en colère ? Qu'est-ce que j'essaie d'éviter ? Comment puis-je penser que cela me sauvera ? »

Si vous n'êtes pas prêt à lâcher prise, si vous voulez vraiment conserver vos habitudes parce qu'elles vous servent, alors peu importe ce que vous faites, vous ne pourrez pas vous en défaire. Cependant, si vous êtes prêt à changer, vous serez surpris de constater combien il est facile de se libérer.

VOTRE 4^E MÉDITATION : UNE NOUVELLE DÉCENNIE

Visualisez dans votre esprit une porte ouvrant sur une nouvelle décennie, une décennie placée sous le signe des guérisons que nous n'avions pas achevées par le passé. Nous sommes en train de redécouvrir tous les atouts incroyables que nous portons déjà en nous. Et nous apprenons à entrer en contact avec les parties de nous-mêmes qui possèdent déjà les réponses, et qui sont là pour nous guider, toujours pour notre plus grand bien.

Imaginez cette nouvelle porte s'ouvrant grand pour vous permettre d'entrer et d'accéder à toute une variété de formes de guérisons différentes. Car guérir peut avoir différentes significations pour différentes personnes. Certains d'entre nous ont besoin de guérir leur corps. Certains ont besoin de guérir leur cœur. D'autres ont besoin de guérir leur esprit. Restons donc ouverts et réceptifs à la guérison dont chaque personne a besoin et ouvrons grand la porte sur notre croissance personnelle. Nous pouvons aisément la franchir, sachant que nous sommes en sécurité. Ainsi soit-il !

JOUR 5

RETROUVEZ VOTRE ESTIME DE SOI

Aujourd'hui, vous apprenez davantage à vous aimer avec respect et gratitude. Vous prenez conscience que votre corps, votre esprit et votre âme sont des miracles dignes d'être appréciés.

Comment vous sentiez-vous ce matin au réveil ? Avez-vous souri lorsque vous avez regardé dans le miroir et dit : « Je t'aime, mon chéri, je t'aime vraiment » ? Commencez-vous à le croire ? Après seulement quelques jours, vous pouvez déjà remarquer différents changements dans votre vie. Peut-être êtes-vous un peu plus souriant aujourd'hui. Peut-être vous sentez-vous plus à l'aise quand vous regardez dans le miroir et contemplez votre visage radieux. Peut-être vous sentez-vous beaucoup mieux dans votre peau. Commencez-vous à aimer et à approuver la personne que vous voyez dans le miroir ?

L'amour est le plus miraculeux des remèdes. S'aimer soi-même fait des miracles ! J'ai découvert que peu importe le problème, la meilleure façon de le résoudre est de commencer par s'aimer.

Vous aimer vous-même signifie avoir le plus grand respect pour tout ce qui vous concerne, intérieurement comme extérieurement. C'est être empreint de gratitude pour les miracles que sont votre corps, votre esprit et votre âme. Vous aimer vous-même, c'est vous apprécier si intensément que votre cœur finit par en éclater, débordant de la simple et merveilleuse joie d'être « vous ».

Quoi qu'il en soit, il vous sera impossible de vous aimer réellement sans vous approuver et vous accepter totalement. Passez-vous votre temps à vous critiquer et à vous réprimander ? Croyez-vous que vous n'êtes pas digne d'être aimé ? Vivez-vous dans le chaos et le désordre ? Attirez-vous des amis et des partenaires qui vous déprécient ? Maltraitez-vous votre corps avec de la nourriture malsaine et des pensées stressantes ?

Nier votre bien, d'une quelconque manière, est un acte de désamour. Je me souviens d'une femme avec qui j'ai travaillé, qui portait des lentilles de contact.

En répétant ses affirmations quotidiennes face à son miroir, elle a commencé à libérer une peur liée à son enfance. En seulement quelques jours, elle remarqua que ses lentilles de contact la dérangeaient, au point qu'elle ne pouvait plus les porter. Après les avoir retirées, elle constata que sa vue était redevenue presque parfaitement claire. Mais elle admit ensuite avoir passé la journée à se répéter: «Je n'y crois pas, c'est incroyable! Je ne peux pas y croire...» C'était devenu son affirmation. L'univers lui a donné exactement ce qu'elle a demandé: le lendemain, elle était à nouveau réduite à porter ses lentilles de contact. Elle n'était pas prête à croire qu'elle avait réussi à se recréer une vue parfaite, donc sa croyance s'est confirmée. Nos pensées sont extrêmement puissantes, alors nourrissons des pensées qui nous servent!

Songez à combien vous étiez parfait lorsque vous étiez un tout jeune nourrisson! Les bébés n'ont pas à faire quoi que ce soit pour devenir parfaits: ils sont déjà parfaits, et ils agissent comme s'ils en avaient parfaitement conscience. Ils savent qu'ils sont le centre de l'univers. Ils n'ont pas peur de demander ce qu'ils veulent. Ils expriment librement leurs émotions. Si bien que lorsqu'un bébé est en colère, tout le quartier l'apprend très vite! Mais quand un bébé est heureux, alors là, son sourire éclaire la pièce plus vivement qu'un soleil ! Les nouveau-nés sont des bulles d'amour !

Un nourrisson mourra s'il ne reçoit pas d'amour. En grandissant, nous apprenons à vivre sans amour, du moins nous essayons, mais un bébé ne peut survivre sans. Et regardez-les, ils adorent chaque partie de leur corps, sans jugement.

Vous aussi, vous aviez cette innocence il fut un temps. Nous avons tous été comme cela. Puis nous avons commencé à écouter les adultes autour de nous qui vivent dans la peur et nous avons commencé à nier notre propre splendeur.

Mais c'est fini. Aujourd'hui, vous mettez définitivement de côté toutes les critiques et tous les discours négatifs. Libérez-vous des opinions des autres. Aujourd'hui, vous vous détachez de votre ancienne façon de penser – celle qui vous réprime, vous diminue et vous fait résister à tout changement.

Affirmons ensemble : « Je suis parfait tel que je suis. Je mérite d'être aimé. »

VOTRE 5E EXERCICE FACE AU MIROIR

1. Placez-vous devant votre miroir de salle de bains.
2. Regardez-vous dans les yeux.
3. Répétez l'affirmation suivante: «Je m'aime et je m'accepte.»
4. Continuez, encore et encore: «Je m'aime et je m'accepte.»
5. Répétez cette affirmation au moins cent fois par jour. Oui, c'est exact: cent fois. Que cela devienne votre nouveau mantra: «Je m'aime et je m'accepte.»
6. Chaque fois que vous passez devant un miroir ou apercevez votre reflet, répétez-vous cette affirmation.

C'est un exercice que j'ai donné à des centaines et des centaines de personnes au fil des ans. Et pour tous ceux qui l'ont sérieusement pratiqué, les résultats sont absolument phénoménaux. Rappelez-vous que ce procédé ne fonctionne pas sur une base théorique, le secret, c'est de pratiquer! Ce n'est que comme cela que vous sentirez vraiment une différence.

Si des pensées négatives surgissent, comme «Comment puis-je m'accepter alors que je suis si grosse ? », ou « C'est ridicule, je ne peux pas changer de façon de penser juste comme ça », ou encore « De toute façon, je ne suis pas assez bien », ne résistez pas, ne les combattez pas et ne les jugez pas. Laissez-les simplement être là. Restez concentré sur ce que vous souhaitez réellement ressentir : amour et acceptation. Vous pouvez doucement relâcher toute autre pensée qui chercherait à s'immiscer dans votre esprit. Restez pleinement concentré sur votre affirmation : « Je m'aime et je m'accepte. »

Ce travail est fait pour vous aider à revenir au cœur de ce que vous êtes vraiment et à faire l'expérience de qui vous êtes lorsque vous ne vous jugez pas.

LE POUVOIR EST EN VOUS : VOTRE 5^E EXERCICE DE RÉFLEXION

1. Dressez une liste de toutes les façons dont vous avez l'habitude de vous déprécier et d'exprimer votre manque d'estime de soi. Critiquez-vous votre corps ? Avez-vous tendance à vous rabaisser ?

2. Inscrivez ensuite quelques-unes des opinions négatives que vous pensez que les autres ont de vous. Puis, transformez chacune d'entre elles en une déclaration positive. Par exemple, vous pourriez changer « Ma mère pense que je suis grosse » en « Je suis belle et parfaite telle que je suis ».
3. Faites une liste de toutes les raisons pour lesquelles vous vous aimez. Et faites une autre liste de toutes les raisons pour lesquelles les gens aiment passer du temps avec vous.
4. Affichez ces listes pleines d'amour bien en évidence, de façon à les voir tous les jours.

VOTRE 5e PENSÉE DU CŒUR : « J'AIME ÊTRE MOI »

Pouvez-vous imaginer combien il serait merveilleux si vous pouviez vivre votre vie sans jamais être critiqué par qui que ce soit ? Ne serait-il pas merveilleux de se sentir totalement à l'aise et accepté ? Vous vous lèveriez le matin, certain de passer une merveilleuse journée, parce que tout le monde vous aime et que personne ne chercherait à vous rabaisser. Vous vous sentiriez très bien.

Et devinez quoi ? Vous pouvez vous offrir cela vous-même ! Vous pouvez vivre avec vous-même la plus merveilleuse expérience imaginable. Vous pouvez vous réveiller le matin et ressentir toute la joie que vous avez à passer une nouvelle journée en votre propre compagnie.

VOTRE 5E MÉDITATION : AFFIRMATIONS POUR L'ESTIME DE SOI

« Je suis parfaitement adapté à toute situation
qui se présente à moi.
Je choisis de me sentir bien dans ma peau.
Je suis digne de mon amour.
Je suis empli d'assurance.
J'accepte et j'utilise joyeusement mon propre pouvoir.
Je peux m'affirmer en toute sécurité.
Je suis aimé et accepté exactement tel que je suis,
ici et maintenant.

Ma confiance en moi et mon estime sont élevées
car j'honore pleinement qui je suis.
Chaque jour, ma vie devient de plus en plus fabuleuse.
Je suis impatient de découvrir ce que chaque nouvelle
heure a à m'offrir.
Je ne suis ni "trop" ni "pas assez", et je n'ai rien
à prouver à personne.
La vie me soutient de toutes les manières possibles.
Ma conscience est emplie de pensées aimantes, positives
et saines qui se reflètent dans chacune de mes expériences.
Le plus grand cadeau que je puisse m'offrir est l'amour
inconditionnel. Je m'aime exactement tel que je suis.
Je n'attends plus d'être parfait pour m'aimer. »

JOUR 6

ADIEU CRITIQUE !

Aujourd'hui, vous apprenez à rompre le cercle vicieux du jugement et de l'autocritique, vous n'avez désormais plus besoin de vous rabaisser.

Lorsque vous vous regarderez dans votre miroir aujourd'hui, prenez quelques instants pour vous féliciter ! Vous commencez à vous aimer et à vous approuver, ou du moins à le vouloir, n'est-ce pas merveilleux ? Où que vous soyez dans ce processus, célébrez les progrès que vous avez faits jusqu'à présent. Je vous félicite, vous et votre engagement dans ce travail d'évolution personnelle.

Plus vous vous appliquez à répéter chaque exercice tout au long de la journée, plus vous devenez conscient de votre dialogue intérieur. Si je vous demandais de jouer l'un des enregistrements de votre voix intérieure aujourd'hui, à quoi cela ressemblerait-il? Répéteriez-vous des affirmations négatives comme: «Je suis trop stupide. Je suis empoté. De toute façon, mon avis n'intéresse personne. Pourquoi tant de personnes manquent-elles de considération?» Votre voix intérieure est-elle constamment en train de tout juger, de tout critiquer? Avez-vous tendance à tout condamner? Cherchez-vous toujours à avoir raison?

La plupart d'entre nous sont tellement habitués à tout juger et à tout critiquer que nous ne pouvons pas si facilement nous en défaire. Prenez-moi, par exemple, j'avais pour habitude de me plaindre constamment et de m'apitoyer sur mon sort. J'adorais ça. Parce qu'à cette époque, j'étais parfaitement ignorante du fait que je créais moi-même ces situations.

C'est pourquoi il est si important de faire votre travail quotidien avec votre miroir, car il vous aide à devenir pleinement conscient des jugements et des pensées négatives que vous entretenez, tout en vous permettant de vous libérer rapidement de votre critique intérieur. Vous ne serez jamais capable de vous aimer tant que vous n'aurez pas dépassé votre besoin de vous rabaisser et de donner tort aux autres.

Lorsque vous étiez enfant, vous étiez si ouvert à la vie. Vous découvriez le monde avec des yeux emplis d'émerveillement et, à moins que quelque chose ne vous effraye ou que quelqu'un vous fasse du mal, vous preniez la vie comme elle venait. Mais en grandissant, vous avez commencé à accepter les opinions des autres et à les faire vôtres. Vous avez appris à critiquer.

Pour ma part, ce qui m'a finalement aidée, c'est qu'un jour j'ai commencé à prêter attention à ce que je disais. Je suis devenue consciente de mon critique intérieur, et j'ai travaillé pour arrêter ce flux de jugements personnels incessant. J'ai commencé à répéter des affirmations positives devant mon miroir sans vraiment comprendre ce qu'elles voulaient dire. Je ne cessais de les répéter encore et encore. J'ai commencé par les plus simples : « Je m'aime. Je m'accepte. » Puis je suis passée à : « Mes opinions sont appréciées. Je me libère du besoin de me critiquer. Je me libère du besoin de critiquer les autres. »

Après un certain temps, j'ai commencé à remarquer que des changements positifs se mettaient doucement en place. En vous défaisant progressivement de votre critique intérieur, vous aussi vous remarquerez des changements. Je crois que la critique dessèche et appauvrit nos esprits, renforçant une de nos plus profondes convictions : « Je ne suis pas assez bien. » Et cela ne fait certainement pas ressortir le meilleur en nous. Mais c'est en vous libérant de ce critique intérieur que vous pouvez entrer en contact avec votre moi supérieur.

Alors vérifions ensemble : prêtez-vous attention à vos pensées ? Apprenez-vous à cultiver des pensées positives ? Remplacez-vous les pensées négatives par des affirmations positives ?

En travaillant avec votre miroir, vous deviendrez plus conscient de votre voix intérieure et de ce que vous vous dites à vous-même. Vous serez alors en mesure de vous libérer du besoin de constamment vous réprimander intérieurement ou de critiquer les autres.

Lorsque vous êtes en accord avec vous-même, vous autorisez automatiquement les autres à être eux-mêmes à leur tour. Vous n'avez plus besoin de les changer afin qu'ils correspondent à vos désirs, car leurs petits défauts et manies ne vous dérangent plus autant qu'avant. Et puisque vous ne jugez plus les autres, ils peuvent à leur tour se défaire de leur besoin de vous juger. Tout le monde est enfin libre !

Nos sentiments sont des pensées en action. Il n'y a rien de condamnable ou de honteux à leur sujet. Ils servent un but. C'est en libérant votre esprit et votre corps de toutes pensées négatives que vous faites place à d'autres sentiments, plus positifs, ainsi qu'à de nouvelles expériences.

Affirmons ensemble : « Je libère mon corps et mon esprit de tout jugement et de tout besoin de critiquer. Je suis en sécurité et j'avance dans l'amour. »

VOTRE 6E EXERCICE FACE AU MIROIR

1. Trouvez un endroit calme, comportant un miroir, où vous vous sentez en sécurité et où vous ne serez pas dérangé.
2. Regardez-vous dans le miroir. Regardez-vous droit dans les yeux. Si cela vous gêne encore, vous pouvez alors vous concentrer sur votre bouche ou votre nez. Parlez à votre enfant intérieur. Votre enfant intérieur veut grandir et s'épanouir. Il a besoin d'amour, d'acceptation et de louanges.
3. Maintenant, répétez ces affirmations : « Je t'aime. Je t'aime, et je sais que tu fais de ton mieux. Tu es parfait tel que tu es. Je t'aime et je t'accepte. »
4. Vous aurez peut-être à refaire cet exercice plusieurs fois avant que votre voix intérieure soit moins critique. Écoutez votre propre ressenti et faites ce qui vous semble juste.

LE POUVOIR EST EN VOUS : VOTRE 6^E EXERCICE DE RÉFLEXION

1. Faites une liste de cinq choses pour lesquelles vous vous critiquez habituellement.
2. À côté de chacune, écrivez la date à laquelle vous avez commencé à vous critiquer pour cette chose en particulier. Si vous ne pouvez pas vous remémorer la date exacte, faites-en une estimation.
3. Alors, depuis combien de temps vous critiquez-vous ? Trop longtemps, n'est-ce pas ? Et cette vieille habitude n'a pas non plus produit de changements positifs en vous, je suppose ? C'est parce que la critique ne fonctionne pas. Critiquer ne fait que vous diminuer et vous attrister. Alors arrêtez, dès maintenant !
4. Transformez chacune des critiques de votre liste en une affirmation positive.
5. Gardez votre liste sur vous et dès que vous remarquez que vous êtes à nouveau en train de vous juger, relisez vos affirmations positives plusieurs fois de suite. Et si vous pouvez le faire à voix haute devant votre miroir, c'est encore mieux !

VOTRE 6ᴱ PENSÉE DU CŒUR : « JE M'AIME ET JE M'ACCEPTE PARFAITEMENT TEL QUE JE SUIS »

Nous avons tous des aspects que nous croyons inacceptables et impossibles à aimer. Si nous sommes vraiment en colère contre certaines parties de nous-mêmes, nous nous livrons souvent à toutes sortes d'abus, destinés à nous punir : alcool, drogues, cigarettes, nourriture ou flagellation émotionnelle. Mais l'une des pires choses que nous puissions nous faire subir, car elle cause de profonds dommages, c'est de nous critiquer. Nous devons tout de suite arrêter toute critique ! Vous verrez, une fois que nous avons pris l'habitude de ne plus nous critiquer, c'est étonnant comme nous cessons de critiquer les autres sans même y penser ! Nous nous rendons compte que les autres, que le monde, sont un reflet de qui nous sommes, et que ce que nous voyons dans une autre personne, nous pouvons le voir en nous-mêmes.

Quand nous nous plaignons de quelqu'un d'autre, c'est en fait de nous-mêmes que nous nous plaignons. Quand nous pouvons vraiment aimer et accepter qui nous sommes, il n'y a plus aucune raison de se plaindre de quoi que ce soit. Nous ne pouvons pas nous faire du mal et nous ne pouvons pas blesser une autre personne. Alors faisons tout de suite vœu de ne plus jamais nous critiquer !

VOTRE 6E MÉDITATION : NOUS SOMMES LIBRES D'ÊTRE NOUS-MÊMES

Pour être entiers, nous devons nous accepter, entièrement. Laissez donc votre cœur s'ouvrir afin d'avoir la place d'accueillir toutes les parties de vous-même : celles dont vous êtes fier, celles qui vous embarrassent, celles que vous rejetez et celles que vous aimez. Elles font toutes partie de vous et font de vous une personne merveilleuse. Car oui, vous êtes une personne merveilleuse. Nous le sommes tous. Lorsque votre cœur est empli d'amour pour vous-même, vous avez tant à partager avec les autres !

Alors laissez maintenant cet amour remplir la pièce où vous vous trouvez, s'étendre et rayonner au-dehors, baignant dans sa douce lumière toutes les personnes que vous connaissez. Vous pouvez également visualiser au centre de la pièce ceux qui vous sont tout particulièrement chers, afin de leur transmettre tout l'amour qui déborde de votre cœur.

Maintenant, imaginez l'enfant caché à l'intérieur de chacune de ces personnes danser avec joie et innocence, sautillant, criant et riant avec une merveilleuse exubérance. Laissez votre propre enfant intérieur aller jouer avec eux. Laissez-le danser. Laissez-le se sentir en sécurité et libre. Laissez-le être tout ce qu'il a toujours voulu être.

Vous êtes parfait, entier, complet, et tout est bien dans le merveilleux monde qui est le vôtre. Ainsi soit-il !

JOUR 7

AIMEZ-VOUS ! BILAN DE VOTRE PREMIÈRE SEMAINE

Vous avez si courageusement travaillé à vous libérer de vos vieilles croyances ! Aujourd'hui, je vous invite à célébrer vos progrès et les nouvelles possibilités qui s'offrent à vous.

Félicitations ! Vous avez complété votre première semaine de travail avec votre miroir. Je suis tellement fière de votre ténacité et du dévouement dont vous avez fait preuve ces six derniers jours.

Ce travail prend du temps et je suis si heureuse que vous vous soyez offert ces 21 jours pour le faire. Plus vous pratiquerez, plus cela vous sera facile et naturel.

Si vous vous sentez encore un peu gêné et mal à l'aise lorsque vous vous regardez dans votre miroir, soyez patient, cela passera bientôt. Se dire: «Je t'aime, je t'aime vraiment» est difficile pour la plupart d'entre nous au début. Cela peut prendre plusieurs semaines ou même un mois avant que vous soyez entièrement à l'aise en vous adressant ces mots emplis d'amour. Lorsque vous pourrez vous les dire avec plus de facilité, vous verrez de merveilleux changements positifs apparaître dans votre vie.

Au cours des sept derniers jours, vous avez invité votre miroir à devenir votre ami et compagnon de chaque instant. Vous avez appris comment il vous aidera à devenir beaucoup plus conscient de ce que vous dites et de ce que vous faites. Vous avez pris le temps d'écouter les messages de votre voix intérieure et de pratiquer vos affirmations positives.

Une fois de plus, je tiens à souligner que faire le travail avec un miroir est un véritable acte d'amour et l'un des cadeaux les plus aimants que vous pouvez vous offrir. Chaque jour que vous passez à pratiquer cette méthode, vous tombez un peu plus amoureux de vous-même. La meilleure façon de vous aimer est de vous libérer de tous les poids de votre passé – les jugements personnels et les vieilles histoires qui vous retiennent – afin de vivre pleinement le moment présent. Nous avons tous pris l'habitude de croire tous les messages négatifs que nous avons entendus depuis l'enfance. Lorsque vous pouvez transformer ces affirmations négatives en affirmations positives et vous les adresser en vous regardant dans un miroir, vous vous détachez de ces anciens préjugés et évoluez vers de meilleurs lendemains.

Chaque jour passé à effectuer ce travail vous nettoie des blocages et croyances négatives accumulés dans votre passé. Chaque fois que vous vous adressez l'une de ces affirmations dans le miroir, vous vous libérez d'une nouvelle couche. Il a fallu des années pour que ces couches se forment et deviennent comme des blocs de briques composant un haut mur. Il faudra du temps pour vous en défaire, mais vous pouvez commencer par un premier bloc. Chaque fois que vous en retirez un, vous permettez à plus d'amour et de lumière de passer au travers. Plus vous croirez en vos affirmations positives, plus cet amour pourra percer les murs de votre passé. Qu'importe le problème, la meilleure façon de le résoudre est d'arriver à vous aimer.

Si, de temps à autre, vous entendez à nouveau votre voix intérieure vous critiquer ou faire une remarque négative, ne vous alarmez pas. Vous pouvez toujours vous tourner vers votre meilleur ami et votre plus fidèle compagnon : votre miroir. Regardez-vous profondément dans les yeux et dites-vous : « Je mérite d'être aimé. » Et continuez vos exercices quotidiens, ne baissez pas les bras !

Affirmons ensemble : « Je célèbre ma première semaine de travail avec mon miroir grâce auquel j'apprends à m'aimer. Je choisis désormais d'élargir ma conscience et je suis disposé à me voir différemment. »

VOTRE 7E EXERCICE FACE AU MIROIR

1. Placez-vous devant votre miroir de salle de bains.
2. Regardez-vous dans les yeux.
3. Adressez-vous les affirmations suivantes : « Je t'aime. Je t'aime vraiment. Et je suis si fier de toi, bravo, c'est si merveilleux que tu fasses ce travail d'évolution personnelle. »
4. Répétez ces affirmations dix fois, en ajoutant votre nom : « Je t'aime, [Nom]. Je t'aime vraiment. Je t'aime, [Nom]. Je t'aime vraiment. Et je suis si fier de toi, bravo, c'est merveilleux que tu fasses ce travail d'évolution personnelle. »

5. Concentrez votre attention sur votre front et imaginez que vous appuyez sur un bouton qui éjecte un disque dur sur lequel sont gravées toutes vos anciennes croyances et toutes vos pensées négatives. Visualisez-vous en train d'extraire cet enregistrement de votre tête et le jeter à la poubelle.
6. Maintenant regardez-vous profondément dans les yeux et imaginez que vous créez un tout nouveau CD d'affirmations positives : « Je suis prêt à faire confiance à la vie. Je mérite d'être aimé. Je suis parfait tel que je suis. »

LE POUVOIR EST EN VOUS : VOTRE 7E EXERCICE DE RÉFLEXION

1. Sortez votre journal et ouvrez-le à la page du premier exercice que vous avez fait le tout premier jour.
2. Relisez les sentiments et les observations que vous aviez notés après votre tout premier jour de travail avec votre miroir.

3. Sur une nouvelle page, notez vos sentiments et vos observations après cette première semaine de travail. Les exercices sont-ils plus faciles ? Vous sentez-vous plus à l'aise lorsque vous vous regardez dans le miroir ?
4. Notez ce qui vous est le plus facile et le plus agréable dans ce travail ; puis ce qui vous procure le plus de difficulté.
5. Créez de vous-même de nouvelles affirmations pour vous aider à dissiper les blocages que vous avez identifiés lors de l'étape numéro 4.

VOTRE 7E PENSÉE DU CŒUR : « TOUT CE DONT JE FAIS L'EXPÉRIENCE EST PARFAITEMENT JUSTE POUR MOI »

Nous avons tous franchi de nombreuses étapes dans notre vie, depuis notre naissance jusqu'à ce jour.

Nous sommes venus au monde équipés de tout ce dont nous avons besoin pour vivre pleinement et dans l'abondance. Nous avons toute la sagesse et toutes les connaissances dont nous avons besoin. Nous avons toutes les capacités et tous les talents dont nous avons besoin. Nous avons tout l'amour dont nous avons besoin. La vie est là pour nous soutenir et prendre soin de nous. Nous devons en prendre pleinement conscience et être certains que tel est le cas.

Des portes s'ouvriront et se fermeront toujours devant nous, mais si nous restons centrés en nous-mêmes, nous serons toujours en sécurité, quelles que soient la porte ou l'étape que nous traversons. Même lorsque nous atteignons notre dernière porte dans cette vie-ci, ce n'est pas la fin, ce n'est que le début d'une nouvelle aventure. Ayez confiance, le changement est une étape nécessaire à tout processus d'évolution.

Aujourd'hui est un nouveau jour. Nous aurons beaucoup de nouvelles expériences merveilleuses. Nous sommes aimés. Nous sommes en sécurité.

VOTRE 7E MÉDITATION : QUI SUIS-JE ?

Nous sommes les seuls à pouvoir sauver le monde. C'est en nous rassemblant pour une cause commune que nous trouvons nos réponses. Nous devons toujours nous rappeler que nous sommes beaucoup plus que nos corps, beaucoup plus que nos personnalités, beaucoup plus que nos maladies, et bien plus que notre passé. Nous sommes plus que nos relations. Notre véritable essence est pur esprit, éternelle. Cela a toujours été et il en sera toujours ainsi. Nous sommes ici pour nous aimer nous-mêmes et nous aimer les uns les autres. Et c'est en faisant cela que nous trouverons les réponses qui nous permettront de nous guérir nous-mêmes et de sauver notre planète.

Nous traversons une période extraordinaire : tout change constamment ! Quels que soient les problèmes auxquels nous avons à faire face, nous faisons tous de notre mieux d'après ce que nous savons. Comme les choses changent, nous évoluons, alors nous trouverons des solutions. Rappelons-nous que si nous nous connectons à un niveau spirituel, au niveau de l'esprit, nous sommes tous un. Nous sommes libres. Ainsi soit-il !

Deuxième semaine

JOUR 8

RENCONTRE AVEC VOTRE ENFANT INTÉRIEUR

PREMIÈRE PARTIE

Aujourd'hui, voyez au-delà de l'adulte qui apparaît dans le miroir et avancez à la rencontre de votre enfant intérieur.

Ceci est l'une des plus importantes journées de ce processus et je suis ravie de pouvoir vous accompagner. Prenez ma main et ensemble, marchons vers votre miroir. Regardez-vous dans les yeux, profondément. Regardez au-delà de l'adulte que vous voyez dans votre miroir et avec un sourire, saluez votre enfant intérieur.

Quel que soit votre âge, réside en vous un petit enfant qui a besoin d'être aimé et accepté. Si vous êtes une femme, peu importe votre niveau d'indépendance, en vous se cache une petite fille incroyablement tendre et qui a besoin d'aide. Si vous êtes un homme, peu importe votre niveau de confiance en vous, vous avez en vous un petit garçon qui a besoin de douceur et d'affection.

Quand vous regardez dans le miroir, voyez-vous votre enfant intérieur ? Est-il heureux ? Que tente-t-il de vous dire ?

Toutes les années que vous avez traversées sont toujours présentes en vous, dans votre conscience et votre mémoire. Lorsque vous étiez enfant, quand quelque chose tournait mal, vous aviez tendance à croire que cela venait de vous. Les enfants ont pour croyance que s'ils pouvaient tout faire bien, alors leurs parents les aimeraient et ne les puniraient jamais.

Souvent, nous coupons notre connexion intérieure vers l'âge de 5 ans. Nous prenons cette décision parce que nous pensons qu'il y a quelque chose avec nous qui ne va pas, et par conséquent nous ne voulons plus rien avoir à faire avec cet enfant intérieur.

En nous siège également une figure parentale et, pour la plupart d'entre nous, ce parent interne passe son temps à gronder notre enfant intérieur. Si vous prêtez attention à votre dialogue intérieur, vous pouvez entendre ses reproches. Vous pouvez l'entendre vous dire ce que vous faites mal ou que vous n'êtes pas assez bien.

Nous avons tous, depuis l'enfance, entamé une guerre contre nous-mêmes, nous critiquant de la même façon dont nos parents nous ont critiqués : « Tu es trop bête. Tu n'es pas assez bien. Tu ne fais jamais rien comme il faut. » Cette critique constante est devenue une habitude et bien que nous soyons désormais des adultes, nous ignorons totalement l'enfant en nous. Ou nous le déprécions, encore et encore, le rabaissant comme nous avons nous-mêmes été rabaissés dans le passé.

Chaque fois que vous avez peur, comprenez que c'est l'enfant en vous qui a peur. L'adulte, lui, n'a pas peur, mais il a coupé sa connexion et n'est pas présent pour cet enfant apeuré. Pour qu'une guérison ait lieu, il est indispensable que cet adulte et cet enfant développent une relation saine l'un avec l'autre.

Comment vous connecter avec votre enfant intérieur ? La première étape est de rencontrer cet enfant, avec la complicité de votre miroir. Qui est cet enfant ? Pourquoi est-il malheureux ? Que pouvez-vous faire pour l'aider à se sentir en sécurité et aimé ?

Parlez à votre enfant intérieur de tout ce que vous faites. Je sais que cela peut sembler idiot, mais ça marche !

Dites-lui que peu importe ce qui arrive, jamais vous ne le quitterez ni le laisserez tomber. Dites-lui que vous serez toujours présent. Et dites-lui combien vous l'aimez.

Tout ce que votre enfant intérieur souhaite, c'est être reconnu, se sentir accepté et aimé par vous. Il a besoin de se sentir en sécurité. Si vous pouvez prendre quelques instants chaque jour pour vous connecter avec lui, vous verrez votre vie se transformer !

Affirmons ensemble : « Je suis prêt à aimer et accepter mon enfant intérieur. »

VOTRE 8E EXERCICE FACE AU MIROIR

1. Trouvez une photo de vous lorsque vous aviez environ 5 ans et collez-la sur votre miroir de salle de bains.
2. Regardez la photo pendant quelques minutes. Que voyez-vous ? Voyez-vous un enfant heureux ? Un enfant triste ?
3. Parlez à votre enfant intérieur dans le miroir tout en regardant la photo ou en vous regardant dans les yeux, selon ce qui vous est le plus confortable. Si vous

aviez un surnom à cet âge, utilisez-le pour vous adresser à votre enfant intérieur. Si possible, asseyez-vous face à votre miroir. Cela vous aidera à continuer même si des émotions difficiles choisissent de refaire surface, car vous ne pourrez pas si aisément partir en courant. Asseyez-vous donc, attrapez une boîte de mouchoirs et commencez à vous parler avec douceur.

4. Ouvrez-vous votre cœur et partagez vos pensées les plus intimes avec vous-même, comme vous le feriez avec votre confident.
5. Quand vous avez terminé, répétez ces affirmations : « Je t'aime, mon ange. Je suis là pour toi. Tu es en sécurité. »

LE POUVOIR EST EN VOUS : VOTRE 8E EXERCICE DE RÉFLEXION

1. Pour cet exercice, vous aurez besoin de crayons de couleur et de feutres.
2. En utilisant votre main non dominante (celle avec laquelle vous n'écrivez pas),

dessinez-vous en tant qu'enfant.
Soyez créatif !

3. Accrochez votre œuvre à votre miroir de salle de bains.
4. Regardez votre dessin et commencez à parler à votre enfant intérieur.
5. Posez à votre enfant les questions suivantes et notez les réponses dans votre journal : « Qu'est-ce que tu aimes ? Qu'est-ce que tu n'aimes pas ? Qu'est-ce qui t'effraie ? De quoi as-tu besoin ? Que puis-je faire pour te rendre heureux ? »
6. Fermez les yeux et prenez quelques minutes pour réfléchir à ce que vous avez appris sur votre enfant intérieur.

VOTRE 8E PENSÉE DU CŒUR : « J'EMBRASSE MON ENFANT INTÉRIEUR AVEC TOUT MON AMOUR »

Prenez soin de votre enfant intérieur. C'est lui qui a peur et qui fait parfois du mal, aux autres comme à lui-même. C'est lui qui se sent impuissant et perdu.

Soyez là pour votre enfant. Embrassez-le, aimez-le. Faites tout ce que vous pouvez pour prendre soin de lui et subvenir à ses besoins. Et surtout, rappelez-lui que quoi qu'il arrive, vous serez toujours là pour lui et ne le laisserez jamais tomber. Dites-lui que vous l'aimerez toujours.

VOTRE 8E MÉDITATION : LÂCHEZ PRISE ET DÉTENDEZ-VOUS

Prenez une profonde inspiration et fermez les yeux. Continuez de respirer calmement afin de permettre à votre corps de se détendre complètement. Concentrez-vous sur vos orteils jusqu'à ce que vous les sentiez parfaitement détendus. Détendez maintenant vos pieds, vos talons et vos chevilles. Laissez vos pieds devenir lourds. Sentez cette chaude vague de détente remonter doucement le long de vos mollets, de vos genoux, de vos cuisses, jusqu'à ce que vos jambes deviennent pesantes.

Maintenant, laissez vos hanches et vos fesses se détendre. Ressentez cette profonde paix remonter le long de votre ventre, embrasser votre poitrine, se répandre dans vos clavicules et vos épaules. Détendez vos bras, vos coudes, vos poignets puis vos mains. Laissez toute dernière trace de tension s'échapper à travers vos doigts. Laissez votre cou se détendre, puis votre mâchoire, vos joues, et tous les muscles encerclant vos yeux. Laissez votre front et votre cuir chevelu se détendre. Détendez-vous, relâchez tout et appréciez la paix qui vous emplit...

JOUR 9

RENCONTRE AVEC VOTRE ENFANT INTÉRIEUR

DEUXIÈME PARTIE

Aujourd'hui, votre miroir vous aide à pardonner le passé et à commencer à aimer ce merveilleux enfant qui danse secrètement en vous.

Comment allez-vous aujourd'hui, vous et votre enfant intérieur ? Vous connaissez-vous un peu mieux ? Nous ne sommes pas toujours en contact avec les sentiments du jeune enfant effrayé en nous. Je trouve merveilleux de pouvoir collaborer avec votre enfant intérieur pour guérir les blessures du passé.

Si vous avez grandi dans la peur et la violence, physique ou morale, vous avez certainement pris l'habitude de vous faire du mal mentalement. Et lorsque vous agissez de la sorte, vous continuez à perpétrer cette violence sur votre enfant intérieur... qui ne peut ni s'échapper ni se cacher.

La plupart d'entre nous portent un enfant intérieur qui se sent terriblement perdu, seul et rejeté, assailli sous le poids de nos reproches et de nos critiques. Et nous nous demandons pourquoi nous sommes malheureux ! Nous ne pouvons pas rejeter une partie de nous-mêmes et nous sentir en harmonie.

Aujourd'hui, utilisons notre miroir pour dépasser les limites de nos parents et nous connecter avec cet enfant intérieur affaibli et perdu. Pardonnons le passé et commençons à aimer ce bel enfant en nous. Il a besoin de savoir que nous nous soucions de lui.

Nous avons tous étouffé bon nombre de sentiments et blessures du passé. Apprendre à aimer votre enfant intérieur va prendre du temps. Prenez tout le temps dont vous avez besoin. Refaites ces exercices, encore et encore. Je vous promets que vous y arriverez.

Votre enfant intérieur porte toujours les croyances que vous avez développées durant votre enfance. Si vos parents vous ont élevé « à la dure » avec des règles rigides et que vous êtes maintenant intransigeant avec vous-même ou que vous avez tendance à construire des murs autour de vous, c'est probablement que votre enfant intérieur est encore en train de suivre ces règles. Si vous continuez à vous réprimander à chaque erreur, imaginez combien il est effrayant pour votre enfant intérieur de se réveiller chaque matin en pensant : « Cette fois-ci, pour quelle raison est-ce que mon parent va me crier dessus aujourd'hui ? »

Ce que nos parents nous ont fait dans le passé était un produit de leur conscience. Nous sommes les parents maintenant. Comment allons-nous nous traiter ?

Utilisons notre propre conscience maintenant. Si vous refusez toujours de prendre soin de votre enfant intérieur, c'est signe que vous êtes enlisé dans votre ressentiment. Invariablement, cela indique qu'il y a quelqu'un à qui vous avez encore besoin de pardonner. De quel ressentiment avez-vous à vous libérer ? Qu'est-ce que vous n'avez pas entièrement pardonné ?

Visualisez-vous donner la main à votre enfant intérieur et l'emmener partout avec vous pendant quelques jours. Quelles joyeuses expériences pourriez-vous faire ensemble ? Cela peut sembler bête, mais s'il vous plaît, essayez, vous verrez, c'est vraiment étonnant ! Ne limitez pas votre imagination et créez une vie merveilleuse pour vous et votre enfant intérieur. L'univers répondra et vous trouverez des moyens de guérir votre enfant intérieur et l'adulte en vous.

Peu importe ce qu'a été votre enfance, heureuse ou triste. Vous et uniquement vous êtes en charge de votre vie désormais. Vous pouvez passer votre temps à blâmer vos parents, ou vous pouvez vivre dans l'amour.

L'amour est la meilleure « thérapie » que je connaisse. Il efface même les souvenirs les plus profonds et les plus douloureux, parce que l'amour est plus profond que toute autre chose. Réfléchissez un instant : souhaitez-vous vivre dans la douleur ou dans la joie ? Car vous avez toujours le choix et le pouvoir de transformer votre vie. Regardez-vous dans les yeux et envoyez tout votre amour à votre enfant intérieur comme à vous-même.

Affirmons ensemble : « J'aime mon enfant intérieur. Je suis en charge de ma vie maintenant. »

VOTRE 9E EXERCICE FACE AU MIROIR

1. Allez à votre miroir de salle de bains et regardez la photo de vous enfant que vous y avez accrochée hier.
2. Prenez un moment pour dire à votre enfant intérieur combien vous l'aimez et

souhaitez prendre soin de lui. Puis répétez les affirmations suivantes : « Je me soucie de toi. Je t'aime. Je t'aime vraiment. »

3. Asseyez-vous face à votre miroir, qu'il s'agisse de votre miroir de salle de bains ou de votre miroir de poche. Reprenez la conversation que vous avez commencée hier avec votre enfant intérieur. Vous pouvez par exemple lui dire : « Je suis désolé de ne pas avoir su rester en contact avec toi pendant toutes ces années. Je suis désolé de t'avoir si souvent réprimandé et heurté. Je veux vraiment rattraper le temps perdu et me faire pardonner. »
4. Si vous n'avez pas parlé à votre enfant depuis cinquante ans ou plus, il vous faudra peut-être être patient avant de sentir cette reconnexion, mais ne vous découragez pas. Persévérez et gardez confiance, vous y arriverez. Un beau jour, vous sentirez l'enfant en vous. Vous l'entendrez. Et peut-être même que vous le verrez dans votre propre reflet.
5. Il est normal de pleurer lorsque vous vous adressez à votre enfant intérieur. Les larmes vous aideront à percer toute émotion gênante et à vous connecter

plus intimement avec votre enfant à l'intérieur. Alors gardez une boîte de mouchoirs à proximité !

LE POUVOIR EST EN VOUS : VOTRE 9E EXERCICE DE RÉFLEXION

1. Lorsque vous étiez enfant, qu'aimiez-vous vraiment faire ? Écrivez tout ce qui vous vient à l'esprit. Quand avez-vous fait l'une de ces choses pour la dernière fois ? Trop souvent, le parent à l'intérieur de nous nous empêche de nous amuser parce que ce n'est pas un comportement d'« adulte ».
2. Maintenant, déposez votre journal et sortez jouer avec votre enfant intérieur. Amusez-vous ! Vous pouvez désormais faire tout ce que vous aimiez lorsque vous étiez jeune : sauter dans les tas de feuilles ou courir sous l'arroseur de jardin. Passez également du temps à regarder d'autres enfants jouer, cela peut vous aider à raviver des souvenirs. Si vous voulez plus

de fraîcheur et plus de joie dans votre vie, reconnectez-vous à votre enfant intérieur et à sa spontanéité naturelle. Je vous promets que vous aurez beaucoup plus de plaisir et de gaîté.

VOTRE 9E PENSÉE DU CŒUR : « JE SUIS PRÊT À CHANGER ET À GRANDIR »

Vous êtes prêt à apprendre de nouvelles choses parce que vous savez désormais que vous ne savez pas tout. Vous êtes prêt à abandonner les anciens concepts qui ne vous apportent plus rien de positif. Vous êtes prêt à revoir votre comportement parce que vous vous dites : « Je ne veux plus être comme ça. » Vous savez que vous avez encore du chemin à faire pour être totalement vous-même. Non pas pour devenir une meilleure personne, puisque cela impliquerait que vous n'êtes pas encore assez bien, ce qui est faux, mais pour être plus en accord avec qui vous êtes réellement.

Grandir est une aventure passionnante, même si cela implique parfois de faire face à certaines douleurs enfouies en vous, afin de pouvoir évoluer.

VOTRE 9E MÉDITATION : AIMER VOTRE ENFANT INTÉRIEUR

Remontons dans le temps. Voyez-vous à l'âge de 5 ans. Tendez vos bras vers cet enfant et dites-lui : « Je suis ton futur et je suis venu pour t'aimer. » Embrassez cet enfant avec amour, puis emmenez-le avec vous à travers le temps jusqu'à cet instant précis. Imaginez-vous tous deux faisant face à un grand miroir, vous regardant avec amour. Prenez conscience de toutes les parties de vous qui manquent encore à l'appel.

Maintenant, retournez au moment de votre naissance. Vous venez tout juste d'arriver dans ce monde après un voyage qui a peut-être été difficile. Pour la première fois, vous sentez l'air froid et êtes ébloui par la lumière. Peut-être même que quelqu'un vient juste de vous claquer pour vous forcer à respirer. Quel accueil ! Vous êtes ici pour vivre toute une vie, alors aimez ce tout petit bébé. Aimez-vous !

Avancez dans le temps pour arriver au moment de vos premiers pas. Voyez-vous vous lever... et tomber ! Vous relever... et tomber à nouveau, encore et encore et encore. Et puis tout à coup vous voilà debout ! Vous faites un pas, puis un autre, et vous voilà marchant ! Vous étiez si fier de vous. Aimez ce petit enfant. Aimez-vous !

Voici arrivé votre premier jour d'école. Vous ne vouliez pas quitter votre mère, mais vous avez réussi à le faire. Vous avez fait vos premiers pas sur le seuil de votre école. Vous avez eu peur, mais vous avez réussi à le faire. Vous avez fait de votre mieux et cela a marché. Aimez cet enfant. Aimez-vous !

Maintenant remémorez-vous votre vie autour de l'âge de 10 ans. Que se passait-il alors ? Cela a peut-être été merveilleux, ou difficile. Vous faisiez de votre mieux pour survivre et vous avez réussi. Aimez cet enfant. Aimez-vous !

Avancez jusqu'au moment de votre puberté et souvenez-vous de tout. C'était passionnant et effrayant, et peut-être plus que vous ne pensiez pouvoir gérer. Mais vous l'avez traversée. Vous avez fait de votre mieux, et vous avez réussi. Alors, aimez cet adolescent. Aimez-vous !

Rendez-vous à l'époque de votre premier emploi. N'était-ce pas excitant de gagner de l'argent ? Vous vouliez tellement faire bonne impression, et il y avait tant à apprendre. Là encore, vous avez fait de votre mieux et vous avez réussi. Aimez cette jeune personne. Aimez-vous !

Remémorez-vous votre première rupture, votre premier rejet et combien votre cœur en a souffert. Vous étiez sûr que personne ne vous aimerait à nouveau.

Vous aviez si mal. Vous avez fait de votre mieux, et vous l'avez surmonté. Aimez cette personne romantique. Aimez-vous !

Pensez à n'importe quelle autre étape importante de votre vie, qu'elle ait été embarrassante, douloureuse ou merveilleuse. Vous avez fait du mieux que vous pouviez à ce moment-là, avec la compréhension, la connaissance et la conscience que vous aviez alors. Alors aimez cette personne. Aimez-vous !

Maintenant, rassemblez toutes ces parties de vous-même et ramenez-les dans le moment présent. Imaginez-vous debout devant votre miroir avec toutes ces facettes de votre personnalité. Comprenez que ce que vous voyez, c'est votre richesse intérieure, c'est votre propre complétude. Bien sûr qu'il y a eu des moments difficiles, des moments douloureux, des moments embarrassants et des moments de confusion. C'est normal. Cela fait partie de la vie. Alors, aimez-vous entièrement.

Puis retournez-vous et imaginez une personne debout devant vous avec les bras tendus, vous disant : « Je suis ton avenir, et je suis venu pour t'aimer. »

La vie est toujours remplie d'occasions de vous aimer entièrement, en incluant tout votre parcours de vie, passé, présent et futur. Aimer et accepter chaque partie de vous-même est la clé de toute guérison.

Comment pourriez-vous être entier ou guéri si vous rejetez ne serait-ce qu'une seule part de vous-même? Guérir, c'est se sentir entier. Alors aimez-vous, chaque partie de vous-même, et soyez entier. Tout est parfait. Ainsi soit-il!

JOUR 10

AIMER SON CORPS, UN CHEMIN VERS LA GUÉRISON

La leçon d'aujourd'hui concerne la douleur: de quoi est-elle faite, d'où vient-elle, que cherche-t-elle à vous dire, qu'a-t-elle à vous apprendre?

Nombre d'entre nous vivent au quotidien avec la douleur ou la maladie. Ce peut être une petite partie de nos vies, ou une part beaucoup plus importante. Aujourd'hui, vous allez utiliser votre miroir pour apprendre à aimer votre corps et vous guérir de votre douleur.

Personne ne veut souffrir, mais si vous ne pouvez l'éviter, du moins que pouvez-vous en apprendre? D'où vient cette douleur? Que cherche-t-elle à vous dire?

Puisque la douleur peut être une manifestation d'une maladie physique ou mentale, il est clair que le corps et l'esprit sont concernés par ses messages.

J'ai récemment été le témoin d'un merveilleux exemple alors que je regardais deux petites filles jouant dans un parc. La première, en jouant, leva la main pour gentiment taper son amie sur le bras. Avant même que sa main ne l'ait touchée, l'autre petite fille se mettait déjà à crier « Aïe ! » La première regarda son amie et lui demanda : « Pourquoi as-tu dit "aïe" ? Je ne t'ai même pas encore touchée. » À quoi son amie a répondu : « Parce que je savais que ça allait faire mal. »

Le corps, comme tout dans la vie, est le reflet de nos pensées et de nos croyances intérieures. Il nous parle toujours, si nous prenons le temps de l'écouter. C'est pourquoi je crois que nous créons nos douleurs et nos maladies. Notre corps n'est pas l'ennemi. Chacune de nos cellules répond à chacune de nos pensées et à chacun des mots que nous prononçons.

Notre corps aspire toujours à atteindre une santé optimale, peu importe ce que nous faisons. Cependant, si nous l'empoisonnons avec des aliments malsains et des pensées négatives, nous agissons contre notre propre bien.

La douleur peut revêtir bien des formes : douleur aiguë, égratignure, doigt foulé, ecchymose, congestion, perturbation du sommeil, nausée, maladies… Elle essaie d'attirer notre attention, de nous dire quelque chose. C'est un peu le signal d'alerte, le drapeau rouge, le dernier recours qu'a notre corps pour nous informer que quelque chose ne va pas.

Quand nous ressentons de la douleur, que faisons-nous ? Nous courons habituellement chez le médecin ou à la pharmacie et prenons une pilule. Mais cela revient à dire à notre corps : « Tais-toi, je ne veux pas t'entendre. » Votre corps va se calmer pendant un certain temps, mais le chuchotement reviendra, cette fois un peu plus fort. Imaginez ce qui se passerait si vous cherchiez à dire à une amie quelque chose d'important, mais qu'elle n'écoutait pas. Vous le répéteriez, probablement plus fort. Et si elle ne vous écoute toujours pas, vous pourriez bien finir par stresser et devenir cassant et menaçant. Ou alors, vous sentant rejeté et non aimé, vous pourriez vous replier sur vous-même et cessez toute conversation.

Parfois, les gens veulent vraiment être malades. Dans notre société, nous avons fait de la douleur et de la maladie un moyen légitime d'éviter les responsabilités ou les situations désagréables. Si nous ne pouvons pas apprendre à dire non, alors nous aurons à créer une maladie qui dira non pour nous.

Mais à un moment ou un autre, il vous faudra bien y faire face. Alors autorisez-vous dès aujourd'hui à accueillir et écouter les messages de votre corps, car fondamentalement votre corps veut être en bonne santé, mais il ne peut y arriver sans votre entière coopération.

Considérez chacune de vos douleurs comme un enseignant, une source potentielle de sagesse, vous mettant en garde contre une pensée limitative, une idée fausse habitant votre conscience. Quelque chose que vous croyez, dites, faites ou pensez n'est pas pour votre plus grand bien. Lorsqu'un inconfort physique apparaît, je me représente toujours mon corps me tirant par la manche et me répétant : « S'il te plaît, fais attention ! » Lorsque vous découvrez le schéma mental qui se cache derrière une douleur ou une maladie, vous avez l'opportunité de changer ce modèle de pensée néfaste en travaillant avec votre miroir, et de mettre ainsi un terme à la maladie.

Êtes-vous prêt à écouter votre corps et à libérer le besoin qui a créé votre douleur ? Si oui, continuez votre travail avec votre miroir et apprenez à aimer votre corps et guérir votre douleur.

Affirmons ensemble : « J'aime mon corps. Mon corps retrouve une santé optimale, car je lui offre ce dont il a besoin à tous les niveaux. »

VOTRE 10E EXERCICE FACE AU MIROIR

1. Choisissez la douleur ou la maladie sur laquelle vous aimeriez travailler aujourd'hui. Nous prendrons ici pour exemple le cas de brûlures d'estomac.
2. Tenez-vous debout ou assis devant votre miroir.
3. Regardez-vous profondément dans les yeux et posez-vous les questions suivantes : « D'où proviennent ces brûlures d'estomac ? Qu'essaient-elles de me dire ? Ai-je mangé des aliments malsains ? De quoi ai-je peur ? Ai-je entendu quelque chose que je ne suis pas capable de digérer émotionnellement ? Suis-je stressé par une situation urgente que je remets à plus tard ? Qui ne puis-je pas souffrir ? »
4. Quelle que soit la douleur ou la maladie qui vous habite à ce jour, vous pouvez répéter ces affirmations : « Je respire librement et pleinement. J'écoute les messages de mon corps. Je nourris mon corps avec des aliments sains et nourrissants. Je laisse mon corps se reposer autant que nécessaire. J'aime mon corps, il est merveilleux. Je suis en

sécurité. Je fais confiance au processus de la vie. J'ai confiance. » Continuez à répéter ces affirmations.

5. Ajoutez-y des affirmations directement en lien avec votre souffrance (vous pouvez consulter mon livre *D'accord avec ton corps A-Z* pour y trouver les différents schémas mentaux à l'origine des douleurs et des maladies, ainsi que les affirmations positives correspondantes). Si vous avez des problèmes d'estomac, par exemple, vous pouvez dire : « J'aime mon estomac. Je t'aime vraiment, mon beau ventre plein de santé. Je t'offre de tout cœur des aliments sains, et tu les digères avec joie. Je t'autorise à être en parfaite santé. »
6. Répétez ces affirmations deux ou trois fois de plus.

LE POUVOIR EST EN VOUS : VOTRE 10E EXERCICE DE RÉFLEXION

1. Lorsque vous ressentez de la douleur ou de l'inconfort, prenez le temps de respirer profondément. Ayez confiance, en vous réside un pouvoir supérieur naturel qui vous guidera et vous permettra de savoir ce qui, dans votre vie, doit être changé afin que vous puissiez être libéré de cette souffrance.
2. Visualisez un superbe espace en pleine nature dans lequel vos fleurs préférées s'épanouissent tout autour de vous. Sentez et humez l'air doux et chaud alors qu'un vent souffle doucement sur votre visage. Un à un, détendez chaque muscle de votre corps.
3. Posez-vous les questions suivantes : « De quelles façons suis-je en train de contribuer à ce problème ? Que dois-je savoir ? Quels domaines de ma vie ont besoin d'être changés ? » Méditez sur ces questions et laisser les réponses vous parvenir d'elles-mêmes. Puis, notez-les dans votre journal.
4. Choisissez l'une des réponses que vous avez reçues lors de l'étape précédente et

rédigez un plan d'action sur lequel vous pouvez travailler aujourd'hui.

Opérez un à un chaque changement, car comme l'a si justement dit le philosophe chinois Lao-Tseu: « Un voyage de mille kilomètres commence par un seul pas. » Une petite étape ajoutée à une autre peut créer un changement significatif dans votre vie. Sachez aussi que la douleur ne disparaîtra pas nécessairement du jour au lendemain. Il lui a fallu du temps pour faire surface et il se peut donc qu'un certain temps s'avère nécessaire pour que votre corps comprenne qu'il n'en a plus besoin pour vous parler. Soyez donc doux et patient avec vous-même.

VOTRE 10E PENSÉE DU CŒUR : « J'ÉCOUTE ATTENTIVEMENT LES MESSAGES DE MON CORPS »

Le corps est un parfait reflet de vos pensées et de vos croyances intérieures. Au même titre que tout ce dont vous faites l'expérience dans votre vie. Chacune de vos cellules répond à chacune de vos pensées et à chaque mot que vous prononcez.

Dans un monde en changement constant, choisissez d'être flexible dans tous les domaines. Soyez prêt à vous transformer et à changer vos croyances pour améliorer la qualité de votre vie et de votre monde. Votre corps vous aime malgré la façon dont vous pouvez le traiter. Votre corps communique avec vous, et vous écoutez désormais ses messages, car vous êtes prêt à les recevoir.

Vous êtes conscient et attentif, vous effectuez les corrections nécessaires. Vous aimez votre corps et vous lui donnez ce dont il a besoin à tous les niveaux afin de restaurer une santé optimale. Vous pouvez faire appel à votre force intérieure innée, car elle est avec vous chaque fois que vous en avez besoin.

VOTRE 10E MÉDITATION : AFFIRMATIONS POSITIVES POUR VOTRE SANTÉ

Voici quelques affirmations positives pour soutenir votre santé et votre guérison. Répétez-les aussi souvent que possible :

« J'aime tous les aliments qui sont bénéfiques
pour mon corps.
J'aime chaque cellule de mon corps.
Je fais des choix sains.
Je me respecte.
J'avance en âge avec sérénité car je prends soin
de mon corps maintenant.
Je découvre constamment de nouvelles façons
d'améliorer ma santé.
J'aide mon corps à retrouver une santé optimale en lui
donnant ce dont il a besoin à tous les niveaux.
La guérison se fait d'elle-même. Je ne laisse pas mon
mental intervenir et je permets à l'intelligence de mon
corps de faire son travail de guérison naturellement.
J'ai un ange gardien spécial. Je suis divinement guidé
et protégé en tout temps.
La santé parfaite est mon droit divin
et je le réclame maintenant.
Je suis reconnaissant pour mon corps sain. J'aime la vie.
Je suis la seule personne qui a le contrôle sur mes
habitudes alimentaires. Je peux toujours résister à toute
sorte de tentation si je le veux.
L'eau est ma boisson préférée. Je bois beaucoup d'eau
pour nettoyer mon corps et mon esprit.
Remplir mon esprit de pensées agréables est le chemin
le plus rapide vers une parfaite santé. »

JOUR 11

SE LIBÉRER DE LA COLÈRE, UN CHEMIN VERS LE BIEN-ÊTRE

Aujourd'hui, vous vous connectez à votre colère : comment la traiter et la libérer avant qu'elle ne vous rende malade. Et comment faire place en vous à des émotions plus positives.

Désormais, vous vous parlez chaque jour et vous répétez que vous êtes aimé. Comment vous sentez-vous ? Regardez-vous dans votre miroir et prenez quelques instants pour vous féliciter. Vous avez plongé dans les profondeurs de vos émotions cachées et commencé à vous libérer du passé. Vous apprenez maintenant à répéter des affirmations positives dans votre esprit de façon constante. Célébrez les progrès que vous avez réalisés jusqu'à présent. Je suis si fière de vous et de votre engagement dans votre travail quotidien avec votre miroir.

Pendant que vous creusiez dans votre passé et que vous vous libériez de vos anciennes émotions, vous avez peut-être découvert des sentiments de colère contre vous-même ou envers un événement particulier. Donc, aujourd'hui, je voudrais vous aider à travailler sur le pardon et la libération de toute la colère que vous pourriez avoir, de sorte que vous puissiez être en paix avec vous-même.

La colère est une émotion honnête. Mais si elle n'est pas exprimée ou libérée, elle se retournera contre son auteur, se logeant dans son corps et se développant généralement sous forme de maladie ou de dysfonctionnement quelconque.

Nous nous mettons généralement en colère contre les mêmes choses, encore et encore. Et lorsque nous sommes en colère, nous pensons que nous n'avons pas le droit de l'exprimer, alors nous la ravalons, ce qui nous cause du ressentiment, de l'amertume ou de la dépression. Il est donc bon de gérer notre colère et de la libérer chaque fois qu'elle se présente.

Si vous avez envie de l'exprimer physiquement, courez chercher des coussins et défoulez-vous en les frappant. N'ayez pas peur de laisser votre colère suivre son cours naturel. Vous avez déjà emprisonné vos sentiments trop longtemps. Il n'est pas nécessaire de ressentir de la culpabilité ou de la honte lorsque vous vous sentez énervé.

Une des meilleures façons de faire face à la colère est de parler ouvertement à la personne contre qui vous êtes en colère. Si vous avez envie de crier après quelqu'un, c'est signe que trop de colère s'est accumulée depuis trop longtemps. Souvent, c'est parce que vous sentez que vous ne pouvez pas parler ouvertement à l'autre personne. Donc, la deuxième meilleure façon de libérer notre colère est de nous adresser à cette personne par le biais de notre miroir.

Travailler avec votre miroir vous aidera à vous libérer de tous vos sentiments. Une de mes élèves a eu du mal à laisser sortir sa colère. Intellectuellement, elle comprenait très bien ses sentiments, mais elle ne pouvait pas les exprimer extérieurement. Lorsqu'elle se permit enfin de tout exprimer à travers son miroir, elle a pu crier et même insulter sa mère et sa fille atteinte d'alcoolisme. Elle s'est sentie déchargée d'un énorme poids alors qu'elle se libérait ainsi de son ressentiment. Plus tard, quand sa fille est venue lui rendre visite, cette femme ne pouvait plus s'empêcher de l'étreindre. Nous libérer de notre colère refoulée nous permet de faire place à l'amour.

Tant de gens me disent combien ils sont plus heureux quand ils se libèrent de leur colère envers une autre personne. C'est comme si un énorme fardeau avait été ôté de leurs épaules.

Regardez en vous, sachez qu'il y a une réponse à votre colère et que vous la trouverez. Il est très curatif de méditer et de visualiser la rage s'écoulant librement hors de votre corps. Envoyez de l'amour à la personne qui est l'objet de votre colère et voyez votre amour dissoudre le problème qui se hisse entre vous. Soyez prêt à retrouver votre paix et votre état naturel harmonieux. Peut-être la colère que vous ressentez vous rappelle que vous ne communiquez pas bien avec les autres. En le reconnaissant, vous pouvez le corriger.

Affirmons ensemble: «Je peux librement ressentir mes émotions sans culpabilité. J'ose exprimer mes sentiments de façon positive.»

VOTRE 11E EXERCICE FACE AU MIROIR

1. Trouver un endroit où vous vous sentez en sécurité, où vous ne serez pas dérangé et disposant d'un miroir.
2. Regardez-vous dans les yeux. Si vous n'êtes toujours pas à l'aise, vous pouvez continuer de vous concentrer sur votre bouche ou votre nez.
3. Visualisez-vous et/ou la personne envers qui vous avez réprimé votre colère. Souvenez-vous de ce moment, ressentez à nouveau cette colère et laissez-la vous traverser à nouveau. Commencer par dire à cette personne pourquoi vous êtes si en colère. Exprimez toute la colère que vous ressentez et soyez bien spécifique. Vous pourriez dire quelque chose comme: «Je suis en colère contre toi parce que [votre raison]. Je suis blessé parce que tu [votre raison]. J'ai peur parce que [votre raison].»
4. Vous devrez peut-être faire cet exercice plusieurs fois avant de sentir vraiment que vous vous êtes débarrassé de toute votre colère. Vous pouvez travailler sur un problème ou plusieurs. Faites ce qui vous convient le mieux.

LE POUVOIR EST EN VOUS : VOTRE 11E EXERCICE DE RÉFLEXION

1. Avez-vous été en colère pendant une grande partie de votre vie ? Voici quelques questions que vous pouvez étudier pour vous aider à libérer ces sentiments habituels de colère : « Pourquoi est-ce que je choisis d'être constamment en colère ? Qu'est-ce que je fais pour toujours créer de nouvelles situations qui m'énervent toutes plus les unes que les autres ? Qui suis-je en train de punir ? Qu'est-ce que je fais qui attire chez d'autres le besoin de m'irriter ? »
2. Maintenant, posez-vous les questions suivantes et écrivez vos réponses : « Qu'est-ce que je veux ? Qu'est-ce qui me rend heureux ? Que puis-je faire pour me rendre heureux ? »
3. Pensez à tout ce qui vous aide à vous sentir bien. À toutes les façons que vous avez de créer de nouveaux modèles de pensées et des croyances optimistes et joyeuses, et faites-en une liste.

VOTRE 11E PENSÉE DU CŒUR : « JE MÉRITE DE ME SENTIR BIEN »

La vie est très simple. Nous créons nos expériences à travers nos schémas de pensée et nos sentiments. Ce que nous croyons à propos de nous-mêmes et à propos de la vie devient vrai pour nous. Les pensées ne sont que des mots attachés ensemble. Ils n'ont aucun sens. C'est nous qui leur donnons un sens. Nous leur donnons un sens en choisissant de nous concentrer sur les messages négatifs et en les ressassant encore et encore dans notre esprit.

Ce que nous faisons de nos sentiments est très important. Allons-nous agir en fonction de ce que nous ressentons ? Allons-nous punir les autres ? La tristesse, la solitude, la culpabilité, la colère et la peur sont des émotions naturelles. Mais quand ces sentiments prennent le dessus et deviennent prédominants, la vie peut devenir un véritable champ de bataille émotionnel.

Grâce à votre travail quotidien avec votre miroir, votre amour de soi et vos affirmations positives, vous pouvez prendre soin de vous et aisément soulager l'anxiété que vous ressentez à l'heure actuelle. Croyez-vous que vous méritez la paix et la sérénité dans votre vie émotionnelle ?

Affirmons ensemble : « Je libère ma conscience des schémas de pensée qui créent une résistance à mon bien-être. Je mérite et j'accepte de me sentir bien. »

VOTRE 11E MÉDITATION : VOTRE LUMIÈRE DE GUÉRISON

Plongez votre attention au plus profond de votre cœur. En son centre, vous trouverez une petite boule de lumière colorée. Cette lumière si belle et si brillante, c'est le centre même de votre amour et de votre énergie de guérison. Observez-la alors qu'elle commence doucement à émettre une douce pulsation, se dilatant de plus en plus jusqu'à emplir tout votre cœur. Puis elle continue de se répandre à travers tout votre corps, du haut de votre tête jusqu'à la pointe de vos orteils et de vos doigts. Votre être entier irradie cette douce lumière colorée, cette lumière d'amour, cette énergie de guérison. Laissez votre corps entier vibrer avec cette lumière. Dites-vous : « À chaque respiration que je prends, ma santé s'améliore de plus en plus. »

Sentez cette lumière nettoyant votre corps de la maladie, sentez votre santé et votre dynamisme naturels se rétablir. Puis visualisez-la s'élargir jusqu'à rayonner dans toutes les directions, permettant à votre énergie de guérison de toucher tous ceux qui en ont besoin. Quel privilège de partager votre amour, votre lumière et votre énergie de guérison avec ceux qui en manquent. Permettez à votre lumière de se déplacer dans les hôpitaux, les maisons de soins infirmiers et les orphelinats, dans les prisons, les hôpitaux psychiatriques et toutes autres institutions spécialisées, apportant espoir, lumière et paix. Laissez-la s'installer dans chaque foyer de la ville où vous vivez. Partout où il y a de la douleur et de la souffrance, laissez votre amour, votre lumière et votre énergie de guérison apporter du réconfort à ceux qui en ont besoin.

Choisissez un endroit sur la planète que vous aimeriez aider à guérir. Il peut être loin ou juste au coin de la rue. Concentrez votre amour, votre lumière et votre énergie de guérison sur cet endroit et sentez l'équilibre et l'harmonie y être restaurés. Prenez un peu de temps chaque jour pour envoyer amour, lumière et énergie de guérison à cet endroit particulier.

Car ce que nous donnons nous revient multiplié. Alors donnez tout votre amour. Ainsi soit-il !

JOUR 12

SURMONTER SES PEURS, UN CHEMIN VERS LA LIBERTÉ

Aujourd'hui, vous apprenez comment désamorcer le pouvoir que la peur exerce sur vous. Vous reprenez confiance, car vous savez que la vie prend soin de vous.

Regardez dans votre miroir, prenez une profonde inspiration, et offrez un baiser à cette belle personne qui vous observe. Vous devenez plus fort chaque jour. Remerciez votre miroir de vous aider à vous libérer de votre passé et de vous renvoyer, comme un reflet, des pensées plus positives. La vie vous aime, et moi aussi!

Aujourd'hui, votre travail se concentre sur l'émotion qui vous empêche de vous aimer, de pardonner aux autres et de mener la vie heureuse que vous méritez: la peur.

La peur continue aujourd'hui encore de se répandre sur toute la planète: guerres, meurtres, cupidité, méfiance... La peur envahit tout, prenant racine dans notre manque de confiance en nous. Mais lorsque vous surmontez votre peur, vous commencez enfin à faire confiance à la vie. Vous sentez que la vie prend soin de vous.

Dans son best-seller international *Tremblez mais osez!* Susan Jeffers a écrit: « Bien que tout le monde soit effrayé à l'approche de quelque chose de totalement nouveau dans la vie, la plupart des gens dépassent leur peur et continuent d'avancer. Nous pouvons donc conclure que la peur n'est pas le problème. » Susan a bien compris que ce qui nous arrête n'est pas la peur elle-même, mais notre réaction face à la peur. Nous pouvons approcher toute crainte soit en conservant notre pouvoir personnel soit avec impuissance et fatalisme. Le fait que nous ayons peur ou non importe peu, la véritable question est: quel pouvoir donnez-vous à vos peurs?

Quand une pensée inspirée par la peur surgit, souvenez-vous qu'elle essaie juste de vous protéger.

Lorsque vous êtes en danger, l'adrénaline se répand dans votre corps pour provoquer un état d'alerte qui contribue à vous protéger. Il en est de même lorsque vous êtes effrayé ou anxieux.

Je suggère, lorsque vous effectuez votre travail face à votre miroir, que vous conversiez avec votre peur. Vous pouvez par exemple dire: «Je sais que tu veux seulement me protéger et je te remercie de vouloir m'aider.» La peur a besoin d'être reconnue pour ses efforts alors qu'elle tente de son mieux de prendre soin de vous.

En observant vos peurs et en leur parlant par l'intermédiaire de votre miroir, vous commencerez à reconnaître que vous n'êtes pas vos craintes. Regardez-les comme vous regarderiez des images sur un écran de cinéma. Souvenez-vous que ce que vous voyez à l'écran n'est pas vraiment là. Les images animées sont juste des cadres de celluloïd qui se succèdent à la vitesse de l'éclair. Vos craintes vont et viennent tout aussi rapidement. À moins que vous ne vous y accrochiez...

La peur n'est qu'une limitation de votre esprit. Vous craignez de tomber malade, d'être abandonné, de perdre votre emploi ou un être cher. C'est alors que la peur devient un mécanisme de défense. Mais si vous continuez de collaborer avec votre miroir, vous pourrez désormais vous défaire de vos anciennes habitudes et créer de nouveaux schémas de pensée positifs, bien plus puissants que ceux produits par la peur.

Je crois que nous avons toujours le choix entre la peur et l'amour. Nous avons peur du changement, peur de l'inertie, peur de l'avenir, peur de tenter notre chance. Nous craignons l'intimité et nous craignons d'être seuls. Nous avons peur d'exprimer nos besoins, de montrer qui nous sommes vraiment et de nous détacher du passé. Mais l'esprit ne peut pas contenir deux pensées contradictoires en même temps. La peur n'est que le parfait opposé de l'amour. L'amour est le miracle que nous espérons tous. Lorsque vous vous aimez, vous pouvez prendre soin de vous-même.

Lorsque vous avez peur, rappelez-vous que cela signifie qu'à cet instant, vous ne vous aimez pas et ne vous faites pas confiance. La croyance que vous n'êtes pas assez bien est souvent à l'origine de vos craintes. Mais quand vous vous aimez et vous approuvez complètement, vous pouvez surmonter toutes vos peurs.

Faites tout votre possible pour renforcer votre cœur, votre corps et votre esprit. Aidez-vous de votre miroir afin de vous connecter à la puissance infinie qui réside en vous.

Affirmons ensemble : « Tout va bien. Tout fonctionne pour mon plus grand bien. Je suis en sécurité. L'amour est ma force. Seul l'amour est réel. »

VOTRE 12E EXERCICE FACE AU MIROIR

1. Quelle est la plus grande peur que vous éprouvez en ce moment? Inscrivez-la sur un Post-it® et collez-la sur le côté gauche de votre miroir. Reconnaissez cette peur et parlez-lui: «Je sais que tu veux me protéger. Je comprends que tu cherches uniquement à m'aider et je t'en remercie. Maintenant, je te laisse partir. Je te libère, car je me sais en sécurité.» Ensuite, déchirez votre note, et jetez-la à la poubelle ou brûlez-la. Quel que soit le moyen que vous choisissez pour vous débarrasser de cette peur, l'important est de vous en libérer une bonne fois pour toutes.
2. Regardez dans le miroir et répétez les affirmations suivantes: «Je m'aime et je me fais confiance. L'amour et la vie prennent soin de moi. Je suis un avec la puissance infinie qui m'a créé. Je suis en sécurité. Tout est bien dans le monde qui est le mien.»
3. Maintenant, regardez-vous à nouveau dans le miroir et observez votre respiration. Nous retenons souvent notre souffle lorsque nous sommes effrayés.

Si vous vous sentez menacé ou anxieux, respirez lentement et consciemment. Prenez plusieurs profondes inspirations et relâchez toute tension dans votre corps et votre esprit. Respirer vous aide à ouvrir cet espace en vous où résident votre puissance et votre créativité. Cela vous permet d'étirer votre colonne vertébrale, d'ouvrir votre poitrine et par conséquent, d'offrir plus d'espace à votre tendre cœur pour s'épanouir.

4. Continuez à respirer naturellement et à observer votre respiration. En faisant cela, reprenez les affirmations suivantes : «Je t'aime, [Nom]. Je t'aime. Je t'aime vraiment. Je fais confiance à la vie. La vie me donne tout ce dont j'ai besoin. Il n'y a rien à craindre. Je suis en sécurité. Tout va bien.»

LE POUVOIR EST EN VOUS : VOTRE 12E EXERCICE DE RÉFLEXION

1. Sous les rubriques suivantes, rédigez une liste de vos plus grandes craintes : famille, santé, carrière, relations et finances.
2. Maintenant, écrivez face à chacune d'elles une ou plusieurs affirmations positives. Par exemple, si vous avez écrit : « J'ai peur de tomber malade et de ne pas pouvoir prendre soin de moi-même », votre affirmation pourrait être : « J'attire toujours toute l'aide dont j'ai besoin. »

VOTRE 12E PENSÉE DU CŒUR : « JE SUIS TOUJOURS PARFAITEMENT PROTÉGÉ »

Rappelez-vous : quand une pensée née de la peur surgit, elle essaie simplement de vous protéger. Parlez à votre peur, dites-lui : « Je comprends que tu cherches simplement à m'aider. » Puis répétez une affirmation pour contrecarrer cette peur. Remerciez cette peur, reconnaissez-la, mais ne lui accordez ni pouvoir ni importance.

VOTRE 12E MÉDITATION : CRÉER UN MONDE SÛR ET EMPLI D'AMOUR

Considérez cette journée, et toutes les prochaines, comme un temps d'apprentissage, un nouveau départ. C'est une occasion de changer et de grandir, d'élargir votre conscience, d'envisager de nouvelles idées et de nouvelles façons de penser, de réinventer le monde dans lequel nous souhaitons vivre. Notre vision contribue à créer ce monde. Suivez-moi, choisissons de poser ensemble un regard nouveau et puissant sur notre planète et sur nous-mêmes.

Imaginez un monde rempli de dignité où tout le monde, quelles que soient sa race ou sa nationalité, se sent en sécurité et a foi en ses capacités et ses talents. Imaginez que partout, les enfants sont appréciés et valorisés au lieu d'être parfois victimes de mauvais traitements. Imaginez que les écoles enseignent aux enfants des choses importantes et précieuses comme apprendre à s'aimer, comment entretenir des relations saines, comment être parent, comment gérer son argent et être financièrement stable. Ensuite, imaginez que toutes les personnes malades sont rétablies, que la maladie n'existe plus, que les médecins apprennent à garder les gens en bonne santé. Imaginez que la douleur et la souffrance ont disparu des hôpitaux, désormais transformés en superbes appartements.

Imaginez tous les sans-abri pris en charge et que des emplois sont disponibles pour tous ceux qui souhaitent travailler. Imaginez que les prisons procurent confiance et estime de soi, aux gardiens comme aux prisonniers, libérant des citoyens responsables et amoureux de la vie. Imaginez que les églises ont ôté le péché et la culpabilité de leurs enseignements et qu'elles encouragent leurs membres à exprimer leur magnificence divine et à trouver leur plus grande joie. Imaginez que les gouvernements se soucient vraiment de la population, offrant justice et miséricorde à tous. Imaginez l'honnêteté et l'équité redevenir les fondements de toute entreprise, alors que la cupidité disparaît à jamais. Imaginez que les hommes et les femmes s'autorisent mutuellement à vivre dans la dignité, mettant fin à toute forme de violence. Imaginez que nous avons tous à disposition et en abondance des aliments nourrissants, de l'air et de l'eau purs.

Maintenant, imaginez-vous dehors et sentez la pluie ruisseler sur vous de son eau pure et propre. Puis, doucement, elle s'arrête et les nuages s'évanouissent, vous laissant admirer un superbe arc-en-ciel que le soleil fait briller de mille scintillements dorés. Remarquez comme l'air est sain. Sentez sa fraîcheur. Voyez l'eau pétiller dans les ruisseaux et les lacs. Remarquez la végétation luxuriante qui vous entoure : des forêts denses, des fleurs abondantes, et des fruits et légumes à la disposition de tous.

Partout, voyez le monde entier vivre en parfaite harmonie, dans la paix et l'abondance. Alors que nous ouvrons tous nos bras et nos cœurs, voyez le jugement, la critique et les préjugés disparaître. Voyez les frontières s'effacer et toute trace de séparation n'être plus qu'un lointain souvenir. Imaginez-nous tous devenir vraiment des frères et sœurs qui se soucient les uns des autres.

Voyez la planète, notre Terre mère, guérie et entière. Voyez toutes sortes de catastrophes naturelles se dissiper alors que la Terre respire enfin avec soulagement, souriant à cette nouvelle ère de paix.

Pensez à toutes les choses positives que vous aimeriez voir se produire sur cette planète. Plus vous continuez à nourrir ces idées dans votre esprit, plus vous contribuez à créer ce nouveau monde sûr et aimant.

JOUR 13

COMMENCEZ VOTRE JOURNÉE AVEC AMOUR

Aujourd'hui, vous découvrez que la façon dont vous commencez votre matinée prédétermine les expériences de votre journée. Vous apprenez comment le pouvoir de la pensée positive peut tout changer pour le mieux.

Félicitations à vous ! Vous avez complété les douze premières leçons de ce cours. Vous avez appris à utiliser votre miroir pour changer vos croyances et libérer toutes émotions malsaines. Commencez-vous à sentir la puissance de ce travail et combien il peut vous aider à changer votre vie ?

Aujourd'hui, vous apprendrez à l'utiliser pour guérir des domaines spécifiques de votre vie. Commençons par la façon dont vous commencez votre journée.

Saviez-vous que la première heure du matin est cruciale ? La façon dont vous la passez détermine votre attitude pour le reste de la journée.

Comment avez-vous débuté votre journée aujourd'hui ? Quels ont été les premiers mots à franchir le seuil de vos lèvres ? Vous êtes-vous déjà plaint ? Avez-vous déjà pensé à ce qui va de travers dans votre vie ?

La façon dont vous débutez votre journée est le reflet de votre manière de vivre votre vie.

Que vous dites-vous lorsque vous vous regardez dans votre miroir de salle de bains au réveil ? Que vous dites-vous lorsque vous prenez votre douche ? Que vous dites-vous quand vous vous habillez ? Dans quel état d'esprit quittez-vous votre maison pour aller travailler ? Est-ce que vous courez déjà contre la montre ou est-ce que vous prenez le temps de dire quelque chose de positif en franchissant la porte ? Que faites-vous quand vous montez dans votre voiture ? Claquez-vous la portière avec un grognement, ou bénissez-vous l'itinéraire que vous vous apprêtez à suivre ?

Trop de gens commencent leur journée en pensant : « Eh, merde ! Encore un jour de boulot... Je n'ai pas envie de me lever... Pfff ! » Le fait est que, si vous avez une mauvaise façon de commencer votre journée, alors vous passerez une mauvaise journée. C'est aussi simple que cela. Si vous faites de votre mieux pour voir tout en noir, alors vous verrez tout en noir.

J'ai une petite routine que je pratique depuis de nombreuses années : dès que je me réveille, je me blottis profondément dans mon lit et le remercie pour l'excellente nuit de sommeil que j'ai passée. Puis je prends quelques minutes pour commencer ma journée avec des pensées positives. Je me dis des choses comme : « C'est une bonne journée. Ce sera vraiment une bonne journée. » Puis je me lève pour aller à la salle de bains et je remercie mon corps de fonctionner aussi bien.

Je passe un peu de temps à m'étirer aussi. J'ai une barre d'exercice dans ma porte de salle de bains que je peux utiliser pour me suspendre par les bras et étirer mon corps tout entier. Je m'accroche fermement à la barre, ramène mes genoux à la poitrine trois fois, et me laisse pendre par les bras. S'étirer chaque matin est un merveilleux moyen de cultiver et maintenir souplesse et santé.

Après quelques étirements supplémentaires, je me prépare une tasse de thé que je prends au lit. J'adore mon lit. J'ai fait faire ma tête de lit sur mesure afin que je puisse confortablement m'y adosser quand je lis ou j'écris.

Étirer mon corps et mon esprit est mon rituel matinal. Ce n'est qu'après cela que je commence à me lever. J'essaie de me donner deux heures avant de faire face au reste de la journée. J'aime être capable de faire les choses calmement. J'ai appris à prendre mon temps.

Si vous êtes une mère occupée, un père qui doit préparer les enfants pour l'école, ou si vous devez vous rendre au travail tôt, il est important de vous donner un certain temps pour commencer votre journée de la meilleure façon possible. Je préfère me réveiller plus tôt pour avoir ce temps supplémentaire le matin. Même si vous vous offrez seulement dix ou quinze minutes de plus, c'est un moment absolument essentiel : c'est votre temps pour vous-même.

Il est important chaque matin, dès le lever, d'avoir votre propre routine : faites quelque chose qui vous fait du bien et dites-vous quelque chose qui vous fait vous sentir mieux encore ! Préparez-vous et conditionnez-vous pour passer la meilleure journée possible. Mais ne vous inquiétez pas, vous n'avez pas à effectuer tous ces changements dans votre vie d'un seul coup. Il vous suffit de choisir un rituel pour le matin et de commencer par cela. Ensuite, une fois que vous l'avez bien intégré au quotidien, choisissez-en un autre et continuez de les pratiquer tous deux. Allez-y en douceur. Rappelez-vous : l'important est de se sentir bien.

Affirmons ensemble : « Aujourd'hui, je me crée une superbe nouvelle journée et un nouvel avenir merveilleux. »

VOTRE 13E EXERCICE FACE AU MIROIR

1. Lorsque vous vous réveillez le matin et que vous ouvrez les yeux, répétez les affirmations suivantes : « Bonjour mon doux lit. Je te remercie d'être si confortable. Je t'aime. C'est un jour béni. Tout est bien. J'ai le temps pour tout ce que je dois faire aujourd'hui. »
2. Maintenant, prenez quelques minutes de plus pour vous détendre et laissez ces affirmations se répandre dans votre esprit, puis dans votre cœur et dans tout le reste de votre corps.
3. Lorsque vous êtes prêt à vous lever, allez à votre miroir de salle de bains. Regardez-vous dans les yeux et souriez à cette personne belle, heureuse et détendue qui vous fait face !
4. Toujours face à votre miroir, répétez les affirmations suivantes : « Bonjour, [votre nom]. Je t'aime. Je t'aime vraiment beaucoup. De merveilleuses expériences t'attendent aujourd'hui. » Et puis, dites-vous quelque chose de tendre, comme : « Oh, tu es resplendissant aujourd'hui. Tu as un merveilleux sourire. Je te souhaite une excellente journée ! »

LE POUVOIR EST EN VOUS : VOTRE 13E EXERCICE DE RÉFLEXION

1. Créez votre propre rituel matinal : notez toutes les étapes à suivre pour commencer votre journée de façon positive, heureuse et saine.
2. Notez deux ou trois affirmations que vous pouvez vous dire à chacune des étapes de votre routine. Écrivez des affirmations pour quand vous vous habillez, quand vous préparez votre petit déjeuner et quand vous montez dans votre voiture et conduisez jusqu'à votre lieu de travail.
3. Si vous souhaitez plus d'exemples d'affirmations, vous en trouverez à la fin de *Vous pouvez vous créer une vie exceptionnelle,* livre que j'ai coécrit avec Cheryl Richardson.

VOTRE 13E PENSÉE DU CŒUR : « JE M'OUVRE À LA VIE »

Vous êtes debout dans le couloir de la vie et derrière vous de nombreuses portes se sont fermées. Les portes représentent tout ce que vous ne faites plus, ne pensez plus, ne dites plus et tout ce dont vous ne ferez plus l'expérience. Devant vous s'étend un couloir interminable criblé de portes, chacune s'ouvrant sur une nouvelle expérience.

Alors que vous avancez, imaginez-vous ouvrir les portes menant à toutes les expériences merveilleuses que vous aimeriez avoir. Voyez-vous ouvrir les portes de la joie, de la paix, de la guérison, de la prospérité et de l'amour ! Celles de la compréhension, de la compassion et du pardon ! Celles menant vers la liberté, l'estime de soi et l'amour-propre ! Elles sont toutes devant vous. Quelle porte ouvrez-vous en premier !

Ayez confiance : votre guide intérieur vous montre le juste chemin pour vous et vous soutient dans votre croissance spirituelle. Qu'une porte s'ouvre ou se ferme, vous êtes toujours en sécurité.

VOTRE 13E MÉDITATION : AFFIRMATIONS POSITIVES POUR L'AMOUR

Permettez à ces affirmations d'emplir votre conscience, sachant qu'elles deviendront vraies pour vous. Répétez-les souvent et avec joie :

« De temps en temps, je demande à ceux que j'aime comment je peux les aimer plus.

Je choisis de voir clairement avec les yeux de l'amour.
J'aime ce que je vois.
J'attire l'amour et la romance dans ma vie, et je les accepte maintenant.
L'amour est partout et la joie emplit mon monde.
Je me réjouis de l'amour que je rencontre chaque jour.
Je suis à l'aise lorsque je me regarde dans le miroir et que je me dis : "Je t'aime, je t'aime vraiment."
Je mérite tout l'amour, tout le romantisme, toute la joie, et le meilleur de tout ce que la vie a à me proposer, maintenant.
Je suis entouré d'amour. Tout est bien.
Je suis dans une joyeuse relation intime avec quelqu'un qui m'aime vraiment.
Je suis beau et tout le monde m'aime.
Je suis accueilli par l'amour partout où je vais.
J'attire seulement des relations saines. Je suis toujours bien traité.
Je suis reconnaissant pour tout l'amour présent dans ma vie. Je le trouve partout. »

JOUR 14

Aimez-vous ! Bilan de votre deuxième semaine

Aujourd'hui, vous passez en revue vos progrès et apprenez comment continuer à vous encourager et à vous accorder plus de temps.

Que je suis fière de vous ! Voici la fin de notre deuxième semaine et vous voilà à nouveau devant votre miroir, chaque matin, prêt à apprendre et à mettre en pratique de nouvelles façons de refléter plus d'amour dans votre vie ! Vous méritez pleinement tout l'amour, toute la joie et le meilleur que la vie a à vous offrir.

Vous pouvez peut-être encore vous sentir un peu mal à l'aise face à votre miroir, mais c'est normal. Je vous encourage à rester patient avec vous-même alors que vous vous embarquez chaque jour dans de nouvelles séries d'exercices. Le changement peut être difficile, mais il peut tout aussi bien être facile. Rappelez-vous que c'est un retour à la source, à votre capacité innée à vous aimer et à vous accepter. Alors, reconnaissez tous les efforts que vous faites et remerciez-vous !

Vous avez déjà accompli tellement de choses ! Vous avez vu comment votre miroir vous aide à devenir beaucoup plus conscient de ce que vous dites et ce que vous faites. Vous continuez à vous libérer de tout ce qui ne vous sert plus. Vous êtes de plus en plus conscient de votre critique intérieur et vous écoutez attentivement toutes vos pensées et toutes vos paroles afin d'apprendre comment les transformer en affirmations positives. Vous travaillez également dur pour transformer ce juge intérieur en un ami et supporter qui vous complimentera et vous soutiendra dans vos efforts et dans votre engagement durant cette phase de changement. Bravo à vous !

Votre enfant intérieur a été le sujet de deux leçons durant cette deuxième semaine et vous avez courageusement abordé les deux. Vous pouvez vous féliciter ! Vous avez rencontré votre enfant intérieur et vous commencez à comprendre ce qu'il ressent et ce dont il a besoin. Vous avez pris le temps de tenir cet enfant dans vos bras, de lui faire savoir qu'il est en sécurité et combien il est aimé. Je suis si fière de vous pour avoir traversé toutes ces étapes vers l'amour de vous-même.

Grâce à ces treize premières leçons, vous continuez de découvrir toutes les façons dont votre corps reflète vos pensées et vos croyances intérieures. Vous commencez à prêter attention à ses messages et cherchez à le nourrir de façon saine, selon ses réels besoins : par des pensées encourageantes et des affirmations positives. Et avez-vous remarqué à quel point vous vous sentez bien lorsque vous exprimez vos véritables sentiments et émotions, même s'ils sont parfois négatifs ? Félicitez-vous également pour tout le dur travail que vous avez effectué pour libérer votre colère envers vous-même et envers les autres. C'est un important pas vers la guérison qui peut vraiment changer votre vie.

En observant vos craintes et en leur parlant à travers votre miroir, vous avez appris une autre leçon très importante cette semaine : vous n'êtes pas vos peurs. La peur n'est qu'une limitation de votre esprit. Vous avez toujours le choix entre l'amour et la peur.

Vous avez également mis en pratique l'un de mes principes favoris cette semaine : la façon dont vous commencez votre journée est le reflet de votre attitude face à la vie. Cela me rend si heureuse de savoir que vous faites un effort pour commencer votre journée avec des pensées affectueuses. Cela donne un ton positif à tout le reste de votre belle journée.

Vous avez tellement appris en seulement quatorze jours ! Continuez à vous encourager alors que vous entrez dans la dernière phase de votre travail avec votre miroir. Et sachez que je suis toujours à vos côtés.

Affirmons ensemble : « Je suis ouvert au monde et réceptif à toutes les merveilleuses choses que ce cours m'enseigne. »

VOTRE 14E EXERCICE FACE AU MIROIR

1. Trouvez une photo de vous enfant, prise à un moment où vous étiez vraiment heureux. Peut-être est-ce une photo d'anniversaire, un cliché pris alors que vous étiez avec des amis ou en train de visiter un de vos endroits préférés.
2. Accrochez-la à votre miroir de salle de bains.
3. Parlez à l'enfant vibrant et heureux sur la photo. Dites-lui combien vous aimeriez vous sentir à nouveau si heureux et si léger. Discutez avec votre enfant intérieur de vos vrais sentiments et de ce qui vous retient.

4. Répétez-vous les affirmations suivantes : « Je suis prêt à me défaire de toutes mes peurs. Je suis en sécurité. J'aime mon enfant intérieur. Je t'aime. Je suis heureux. Je suis content. Et je suis aimé. »
5. Répétez chacune de ces affirmations dix fois.

LE POUVOIR EST EN VOUS : VOTRE 14E EXERCICE DE RÉFLEXION

1. Ouvrez votre journal à la page de l'exercice que vous avez fait le 7e jour.
2. Relisez les sentiments et les observations que vous avez notés ce jour-là.
3. Sur une nouvelle page, notez vos sentiments et vos observations d'aujourd'hui, après deux semaines de travail avec votre miroir. Les exercices sont-ils plus faciles pour vous ? Vous sentez-vous plus à l'aise face à votre reflet ?
4. Notez où vous avez le plus de succès. Puis, notez où vous avez le plus de résistances.

5. Créez vous-même un nouvel exercice à faire avec votre miroir, ainsi que de nouvelles affirmations pour vous aider dans les domaines où vous rencontrez des blocages.

VOTRE 14E PENSÉE DU CŒUR : « JE SUIS DISPOSÉ À NE VOIR QUE MA SPLENDEUR »

Choisissez d'éliminer de votre esprit et de votre vie toute idée ou pensée négative, destructrice et dictée par la peur. Ne prenez plus part aux médisances et n'écoutez plus les conversations nuisibles. Aujourd'hui, personne ne peut vous nuire parce que vous refusez de croire qu'il est possible d'être blessé. Vous refusez de vous livrer à des émotions préjudiciables, même si elles sont justifiées. Vous vous élevez au-dessus de tout ce qui cherche à vous mettre en colère ou à vous faire peur. Les pensées destructrices n'ont plus aucun pouvoir sur vous.

Vous ne pensez et dites que ce que vous souhaitez créer dans votre vie. Vous avez déjà en vous tout ce qui vous est nécessaire pour réaliser ce que vous avez à faire. Vous ne faites qu'un avec le pouvoir infini qui vous a créé. Vous êtes en sécurité. Tout est bien dans le monde qui est le vôtre.

VOTRE 14E MÉDITATION : CONNECTEZ-VOUS À VOTRE POUVOIR

Accueillez cette nouvelle journée les bras et le cœur grand ouverts et emplis d'amour. Reconnectez-vous à ce pouvoir inné qui vous habite. Sentez le pouvoir de votre souffle. Sentez le pouvoir de votre voix. Sentez le pouvoir de votre amour. Sentez le pouvoir de votre pardon. Sentez le pouvoir de votre volonté de changer.

Vous êtes merveilleux. Vous êtes un être divin magnifique. Vous méritez le meilleur, en tout et pour tout : le meilleur. Reconnectez-vous à votre pouvoir et soyez en paix avec lui, car vous êtes en sécurité.

Troisième semaine

JOUR 15

LE PARDON : UN CHEMIN VERS LA PAIX INTÉRIEURE

Aujourd'hui je vous invite à pardonner, à vous-même ainsi qu'à tous ceux qui vous ont blessé, ouvrant ainsi votre cœur à l'amour infini.

Depuis deux semaines, vous avez travaillé à libérer de nombreuses croyances qui vous bloquaient. Je sais que cela n'a pas forcément été une tâche facile, alors donnez-vous le temps de célébrer vos progrès. Comment était-ce aujourd'hui, de vous regarder dans votre miroir et de vous sentir plus léger ? Inspirez profondément. Maintenant, libérez votre souffle et dites : « Ah ! Je me libère du passé, et je me sens merveilleusement bien ! »

Le pardon est un acte difficile pour nous tous, mais je sais que vous pouvez le faire. Nous avons tous construit d'innombrables liens qui nous ont entravés durant de nombreuses années. Mais prenez ma main et ensemble nous travaillerons à apprendre à pardonner, à nous-mêmes comme à ceux qui nous ont blessés.

Le pardon nous permet d'ouvrir notre cœur à l'amour de soi. S'il vous est difficile de vous aimer, vous pouvez éprouver des résistances lorsqu'il s'agit de pardonner. Beaucoup d'entre nous portent des rancunes pendant de nombreuses années. Nous pouvons même nous sentir suffisants face à l'injustice qu'un autre nous a fait subir. J'appelle cela : être coincé dans la prison du ressentiment et de la fierté. Nous avons peut-être raison, nous étions peut-être dans le juste, mais, au final, cela ne nous aide pas davantage à être heureux.

Vous pouvez désapprouver et rétorquer : « Mais vous ne savez pas ce que cette personne m'a fait. C'est impardonnable ! » Mais la rancune est l'une des plus terribles choses que vous pouvez vous faire subir. Vivre dans l'amertume revient à avaler une cuillère de poison tous les jours. Il s'accumule et ce n'est qu'à vous qu'il nuit. Il est impossible d'être en bonne santé et de se sentir libre si vous restez prisonnier du passé.

Une des plus grandes leçons spirituelles que vous pouvez apprendre est de comprendre que tout le monde fait de son mieux selon son degré de conscience. Les gens ne peuvent pas faire plus que ce qu'ils font, avec la compréhension, la conscience et la connaissance qu'ils ont à ce moment précis. Invariablement, on remarque que les gens qui maltraitent les autres ont eux-mêmes été maltraités dans leur enfance. Plus le niveau de violence est élevé, plus la douleur intérieure est grande et plus ils risquent d'exploser sans crier gare. Cela ne veut pas dire que leur comportement est acceptable ni excusable, cependant, pour votre propre croissance spirituelle, vous devez être conscient de leur douleur.

L'événement auquel vous vous accrochez est passé et enterré. Libérez-vous-en. Permettez-vous d'avancer et de passer à autre chose. Sortez de cette prison intime que vous avez construite et vivez l'instant présent, empli de lumière. Si vous ne semblez pas pouvoir vous en détacher, demandez-vous pourquoi vous vous estimez si peu, au point de continuer à vous infliger de vivre d'une façon si douloureuse. Pourquoi restez-vous dans une telle situation ?

Vous avez le choix : vous pouvez rester coincé et devenir amer, ou vous pouvez vous faire une faveur en pardonnant volontiers le passé et en le laissant s'en aller, afin de vous créer une vie joyeuse et épanouissante. Vous avez la liberté de faire tout ce que vous voulez de votre vie, parce que vous êtes, à tout instant, libre de choisir.

Le but de la leçon d'aujourd'hui est de vous aider à retrouver assez d'estime de soi pour n'accepter dans votre vie que des expériences qui viennent de l'amour. S'il vous plaît, ne perdez pas votre temps à essayer de vous venger ou d'être quitte. Cela ne marchera pas. Vous récoltez toujours ce que vous semez. Ce que vous donnez vous reviendra toujours d'une façon ou une autre. Alors laissez tomber le passé et faites en sorte de vous aimer, maintenant. Ce n'est qu'ainsi que vous pourrez vous créer un avenir heureux.

L'une des leçons les plus précieuses que j'ai apprises, c'est que lorsque vous effectuez votre travail de pardon, il n'est pas nécessaire d'aller directement s'adresser aux personnes impliquées et de leur dire que vous leur pardonnez. Vous aurez parfois envie de le faire, mais vous n'en avez pas besoin. Le véritable travail de pardon se fait dans votre propre cœur et devant votre miroir.

Rappelez-vous, le pardon est rarement pour les autres. Il est avant tout pour soi.

Tant de gens m'ont dit qu'ils avaient totalement pardonné à quelqu'un, et puis un mois ou deux plus tard, ils ont reçu un appel téléphonique ou un courriel de cette personne, demandant à être pardonnée. Cela semble se produire très fréquemment après les exercices de pardon face au miroir. Alors, vous aussi, aujourd'hui, laissez-vous profondément éprouver vos sentiments et pardonnez sans compter !

Affirmons ensemble: « Comme je me pardonne à moi-même, il devient plus facile de pardonner aux autres. »

VOTRE 15^E^ EXERCICE FACE AU MIROIR

Je crois sincèrement que ces exercices de pardon sont beaucoup plus efficaces lorsque vous les effectuez face à un miroir. Je vous suggère donc de trouver un miroir devant lequel vous pouvez vous asseoir confortablement. J'aime personnellement utiliser le miroir en pied au dos de ma porte de chambre. Accordez-vous du temps pour faire cet exercice, car vous voudrez probablement le répéter plusieurs fois, aujourd'hui ou bien dans les prochains jours. La plupart d'entre nous sont beaucoup de gens à qui pardonner.

1. Asseyez-vous devant votre miroir et fermez les yeux. Ressentez profondément l'ancrage dans vos pieds et dans votre assise. Inspirez profondément, plusieurs fois.
2. Pensez aux nombreuses personnes qui vous ont blessé dans votre vie. Laissez-les défiler dans votre esprit. Puis, ouvrez les yeux et commencez à parler à l'une d'entre elles, à voix haute. Vous pourriez par exemple lui dire: « Tu m'as

profondément blessé, tu sais, et je ne pensais pas pouvoir te pardonner un jour. Mais je ne veux plus vivre dans le passé, alors sache que je te pardonne entièrement. » Si cela vous est trop difficile, vous pouvez alors dire : « Je suis prêt à te pardonner. » Votre volonté est tout ce qu'il vous faut pour progresser vers le pardon.

3. Inspirez et répétez : « Je te pardonne, je te libère. » Inspirez à nouveau et affirmez : « Tu es libre et je suis libre. »
4. Comment vous sentez-vous ? Ressentez-vous une forme de résistance, un grand soulagement ? Si vous ressentez de la résistance, inspirez et affirmez : « Je suis prêt à me libérer de toute résistance. »
5. Alors que vous continuez cet exercice, aujourd'hui ou un prochain jour, élargissez votre liste de personnes à pardonner. Rappelez-vous : le pardon n'est pas un événement, c'est un processus. Vous pourriez avoir besoin de continuer à travailler sur une même personne plusieurs fois, en allant chaque fois un peu plus en profondeur jusqu'au pardon total.

Certains jours, vous pourrez pardonner plusieurs personnes. D'autres, vous ne pourrez en pardonner qu'une seule. Peu importe. Faites simplement ce qui est juste pour vous. L'univers sait que vous faites de votre mieux. Parfois, pardonner est comme éplucher les couches d'un oignon. S'il y a trop de couches, laissez-le de côté pendant un jour ou deux. Vous pourrez toujours y revenir plus tard pour peler une autre couche. Remerciez-vous aussi d'avoir le courage d'effectuer cet exercice, car il vous permet de guérir.

LE POUVOIR EST EN VOUS : VOTRE 15E EXERCICE DE RÉFLEXION

1. Mettez de la musique douce, quelque chose qui vous apaise et vous aide à vous détendre. Sortez votre journal, un stylo, et laissez votre esprit dériver.
2. Retournez dans le passé et pensez à toutes les choses qui vous mettent en colère contre vous-même. Écrivez-les toutes. Vous pourriez par exemple découvrir que vous ne vous êtes jamais pardonné l'humiliation d'avoir mouillé votre

pantalon lors de vos premiers jours de classe. Depuis combien d'années portez-vous ce fardeau ?!

3. Relisez votre liste et écrivez une affirmation positive pour chaque colère ressentie. Si vous avez écrit : « Je ne me pardonnerai jamais [l'incident] », alors votre affirmation pourrait être : « C'est un moment nouveau. Je suis libre de lâcher prise. » Rappelez-vous que parfois il est plus facile de pardonner aux autres que de pardonner à nous-mêmes, car souvent nous exigeons de nous-mêmes la perfection et nous sommes ainsi plus durs envers nous qu'envers quiconque. Mais il est temps de dépasser cette vieille habitude. Pardonnez-vous. Lâchez prise. Offrez-vous la chance d'être à nouveau spontané et libre.
4. Maintenant, déposez votre journal et sortez faire un tour au grand air – plage, parc, même un terrain vague – et laissez-vous la liberté de courir. Je ne parle pas de faire un footing, je vous invite à courir librement, comme un enfant. Faites des sauts périlleux, sautillez le long du trottoir et riez pendant que vous le faites ! Libérez votre enfant intérieur et amusez-vous ensemble.

Et si quelqu'un vous voit ?... Peu importe, soyez libre !

VOTRE 15E PENSÉE DU CŒUR : « JE PEUX PARDONNER »

Je ne fais qu'un avec la vie, la vie m'aime et me soutient. Par conséquent, je mérite d'avoir un cœur ouvert et empli d'amour. Nous faisons tous toujours de notre mieux, et c'est aussi valable pour moi. Le passé est passé. Je ne suis pas mes parents, je n'ai pas à porter leurs regrets et leurs amertumes. Je suis unique et je choisis d'ouvrir mon cœur et de permettre à l'amour, à la compassion et à la compréhension de guérir tout souvenir douloureux. Je suis libre d'exploiter mon potentiel infini. C'est la vérité de mon être et je l'accepte telle quelle. Tout va merveilleusement bien dans ma vie.

VOTRE 15E MÉDITATION : AFFIRMATIONS POSITIVES POUR LE PARDON

Voici quelques affirmations positives pour vous aider à pardonner plus facilement. Répétez-les souvent.

« La porte de mon cœur s'ouvre de l'intérieur. Plus je pardonne, plus j'avance vers l'amour.
Lorsque je modifie ma pensée, le monde qui m'entoure change.
Le passé est passé, donc il n'a plus de pouvoir sur le moment présent. Ce sont mes pensées actuelles qui créent mon avenir.
Je n'apprécie pas d'être une victime. Je refuse d'être impuissant. Je revendique ma propre puissance.
Je me libère du passé et vis avec joie le moment présent.
Il n'y a pas de problème, si grand ou si petit soit-il, qui ne puisse se résoudre avec de l'amour.
Je suis prêt à guérir, je suis prêt à pardonner, et tout va bien.
Je sais maintenant que mes anciens schémas négatifs ne me limitent plus. Je m'en défais donc facilement.
Comme je me pardonne, il devient plus facile de pardonner aux autres.

Je me pardonne de ne pas être parfait. Je sais que je fais toujours de mon mieux.
Je suis en sécurité. Je peux libérer tous mes traumatismes d'enfance et avancer avec amour.
Je pardonne à toutes les personnes de mon passé pour tous les torts que j'ai cru percevoir. Je les libère avec amour.
Tous les changements à venir sont positifs, et je suis en sécurité. »

JOUR 16

GUÉRISSEZ VOS RELATIONS

Aujourd'hui, vous apprenez à vous libérer d'un ancien chagrin, à guérir une relation brisée, et à vous ouvrir à un nouvel amour.

Le pardon est le remède miracle que nous recherchons tous. Vous vous sentez probablement déjà beaucoup plus léger et plus radieux aujourd'hui. Célébrez votre liberté et entourez-vous d'amour.

En effet, l'amour est notre sujet du jour. Vous souhaitez peut-être vous libérer d'un ancien amour, guérir une relation brisée, ou peut-être recherchez-vous un nouvel amour? Regardez-vous dans votre miroir, maintenant. Est-ce que vous voyez cette personne émerveillée et aimante qui vous regarde? C'est la personne la plus importante que vous connaissiez: vous-même!

Si vous voulez guérir une relation, souvenez-vous que la première relation que vous devez améliorer est votre propre relation avec vous-même. Pourquoi quelqu'un voudrait-il être avec vous si vous-même ne vous supportez pas ? Lorsque vous êtes heureux avec vous-même, alors toutes vos autres relations s'améliorent d'elles-mêmes. Une personne heureuse est toujours extrêmement attirante. Si vous souhaitez attirer plus d'amour, alors vous devez vous aimer davantage. C'est aussi simple que ça.

Cela signifie : pas de critique, pas de plainte, pas de blâme, pas de pleurnicherie et pas de repli sur soi. Cela revient à être satisfait et content de vous-même dès maintenant, et de choisir de ne cultiver que des pensées qui vous font vous sentir bien.

Il existe plusieurs moyens d'éprouver et de démontrer son amour, car chacun d'entre nous l'éprouve de façon différente. Pour vraiment le ressentir, certains ont besoin d'être étreints et touchés. D'autres ont besoin de s'entendre dire des mots comme « je t'aime ». D'autres encore ont besoin de voir l'amour à travers une démonstration tangible, comme un cadeau ou un bouquet de fleurs. En général, notre façon préférée de recevoir l'amour correspond à la façon dont nous aimons nous-mêmes l'exprimer.

Je vous suggère d'utiliser votre miroir et de travailler à vous aimer continuellement chaque jour. Répétez vos affirmations aussi souvent que vous le pouvez tout au long de la journée. N'ayez pas peur de montrer cet amour grandissant que vous avez pour vous-même. Offrez-vous la romance et l'amour que vous rêvez de recevoir. Gâtez-vous. Montrez-vous à quel point vous êtes unique. La vie nous renvoie toujours l'exact reflet des sentiments que nous portons en nous. Comme vous apprenez à développer votre amour-propre et votre romantisme, vous attirerez naturellement la personne qui souhaitera partager votre intimité florissante.

Si vous souhaitez changer votre point de vue, de fataliste et solitaire à positif et épanoui, alors efforcez-vous de créer une atmosphère mentale douce et aimante, en vous et autour de vous. Laissez toutes pensées négatives disparaître, surtout celles concernant l'amour. Au lieu de cela, pensez à partager avec tous ceux que vous rencontrez l'amour, l'approbation et l'acceptation que vous souhaitez recevoir.

Lorsque vous vous aimerez vraiment, vous resterez centré, calme, sûr de vous, et vos relations chez vous, comme au travail, seront plus paisibles. Vous remarquerez que vous réagissez désormais différemment face aux personnes et aux situations que vous rencontrez. Les questions qui étaient autrefois désespérément importantes pour vous ne vous sembleront plus tout aussi cruciales. De nouvelles personnes entreront dans votre vie et peut-être que d'autres en disparaîtront. Cela peut être effrayant au début, mais cela peut aussi être extrêmement rafraîchissant et passionnant.

Souvenez-vous : c'est en cultivant des pensées joyeuses que vous deviendrez une personne heureuse. Les autres seront ravis d'être en votre compagnie et toutes vos relations s'amélioreront et prospéreront.

Affirmons ensemble : « Au fond de mon être se trouve un puits d'amour infini. Je suis amour. »

VOTRE 16E EXERCICE FACE AU MIROIR

1. Revenez à l'exercice du 2e jour, face à votre miroir.
2. Placez-vous à nouveau devant votre miroir.
3. Regardez-vous profondément dans les yeux et répétez les affirmations suivantes : « Je t'aime. Je t'aime vraiment. »
4. Utilisant votre nom cette fois-ci, regardez-vous toujours profondément dans les yeux et dites : « Je t'aime, [Nom]. Je t'aime vraiment. » Ces affirmations valent la peine d'être répétées encore et encore.

5. Si vous avez des problèmes dans vos relations, regardez dans vos yeux, inspirez profondément et dites-vous : « Je suis prêt à libérer le besoin d'entretenir des relations qui ne me nourrissent pas et ne me soutiennent pas. » Répétez cette affirmation cinq fois en lui donnant chaque fois plus d'intensité et en vous concentrant tout particulièrement sur les relations qui vous sont difficiles.

LE POUVOIR EST EN VOUS : VOTRE 16E EXERCICE DE RÉFLEXION

1. Dans votre journal, décrivez votre expérience de l'amour lorsque vous étiez enfant. Avez-vous observé vos parents exprimer facilement leur amour et leur affection ? Avez-vous été élevé avec beaucoup d'étreintes ? Dans votre famille, l'amour était-il masqué par des disputes, des pleurs ou le silence ?
2. Écrivez dix affirmations pleines d'amour et pratiquez-les devant votre miroir. En voici quelques exemples : « Je suis digne d'être aimé. Plus je m'ouvre à l'amour,

plus je suis en sécurité. Aujourd'hui je me souviens que la vie m'aime. Je laisse l'amour me trouver au moment opportun. »

3. Notez dix choses que vous aimez faire. Choisissez-en cinq et faites-les aujourd'hui !
4. Prenez plusieurs heures et prenez soin de vous : achetez-vous des fleurs, offrez-vous un repas sain et délicieux, rappelez-vous de maintes façons combien vous êtes unique.
5. Répétez l'étape 3 tous les jours cette semaine !

VOTRE 16E PENSÉE DU CŒUR : « JE VIS DANS UN CERCLE D'AMOUR »

Enveloppez votre famille (et vos chers disparus) dans un cercle d'amour. Élargissez progressivement votre cercle afin d'y inclure vos amis, vos proches, vos collègues de travail, toutes les personnes en lien avec votre passé et toutes celles auxquelles vous aimeriez pardonner sans vraiment savoir comment. Affirmez que vous avez des relations merveilleuses et harmonieuses avec tous, emplies de respect et d'attention mutuels.

Sachez que vous pouvez vivre avec dignité, paix et joie. Laissez ce cercle d'amour envelopper la planète entière, et laissez votre cœur s'ouvrir, éveillant en vous un amour inconditionnel.

VOTRE 16E MÉDITATION : L'AMOUR GUÉRIT

L'amour est l'énergie de guérison la plus puissante qui soit. Bénissez vos êtres chers et toutes les personnes que vous connaissez en leur envoyant réconfort, acceptation, soutien et amour. Soyez conscient que lorsque vous émettez ces pensées, vous les recevez également en retour.

Visualisez un cercle d'amour enveloppant tous les membres de votre famille (et vos chers disparus), ainsi que vos amis, collègues et toutes les personnes en lien avec votre passé. N'oubliez pas de vous inclure dans ce cercle, car vous méritez tout autant d'être aimé, vous êtes un être si merveilleux ! Vous êtes si puissant. Soyez prêt à recevoir le meilleur et ouvrez-vous à l'amour inconditionnel présent en vous. Affirmez :

« Je m'ouvre à l'amour.
Je suis prêt à aimer et à être aimé.
Je me vois prospérer. Je me vois en parfaite santé. Je me vois accompli et débordant de créativité.
J'ai des relations harmonieuses et merveilleuses basées sur un respect et un soin mutuels. »

JOUR 17

VIVEZ SANS STRESS !

Le stress est une réaction de peur face à la vie et ses changements constants. Aujourd'hui, vous apprendrez à vous en défaire.

J'ai remarqué, dans vos nombreuses lettres et commentaires sur ma page Facebook, que beaucoup d'entre vous luttent contre une énorme pression dans vos vies. Savez-vous pourquoi vous vous sentez tellement stressé ?

Le stress est une réaction de peur face à la vie et ses changements constants, et inévitables. Le stress est devenu un mot à la mode : nous l'utilisons comme une excuse pour ne pas adopter l'entière responsabilité de nos sentiments, surtout de notre peur. Mais si vous pouvez assimiler stress et peur et que vous comprenez que le stress n'est rien de plus qu'une réaction de peur, vous pouvez facilement commencer à l'éliminer de votre vie.

Une personne paisible et détendue n'est ni effrayée ni stressée. Donc, si vous vous sentez stressé, demandez-vous, de quoi avez-vous peur ? La plupart des gens ont une liste de soucis interminable : travail, argent, et surtout famille et santé. Votre source de préoccupations ne devrait être que l'élimination de la peur qui vous habite, afin de pouvoir vivre en vous sentant en sécurité. Et vous pouvez commencer dès à présent en pratiquant vos affirmations positives face à votre miroir. Ce faisant, vous remplacez progressivement vos pensées limitatives et négatives par des pensées positives qui vous apportent paix, joie, harmonie et surtout, une vie sans stress.

Voici une expression que j'adore utiliser : « l'infini des possibles ». Je la tiens de l'un de mes enseignants lorsque j'ai débuté à New York. Cette expression m'a toujours donné un coup de pouce pour élargir ma pensée au-delà de ce que je croyais possible, et bien au-delà des croyances limitées avec lesquelles j'ai grandi.

Lorsque j'étais enfant, je n'avais pas conscience que les critiques dont les adultes m'affligeaient n'étaient absolument pas méritées et n'étaient que leur réaction face à une journée stressante ou décevante. Pendant des années, j'ai accepté leurs critiques, les pensant fondées sur la vérité. Les pensées et croyances que j'ai depuis internalisées sont devenues des limitations qui ont conditionné ma vie et limité ma vision de moi-même. Je n'ai peut-être pas vraiment l'air idiote, bizarre ou stupide, mais c'est ainsi que je me suis sentie pendant de nombreuses années.

La plupart de nos croyances sur la vie et sur nous-mêmes prennent forme avant nos 5 ans. Nous pouvons encore les modifier un peu à l'adolescence et peut-être encore quand nous sommes un peu plus âgés, mais ce sont des changements minimes. Si je devais vous demander d'où vous tenez une certaine croyance, vous feriez presque à coup sûr référence à un jugement ou un événement en lien avec votre petite enfance.

Nous vivons donc dans les limites de notre conscience de 5 ans. Ces limites nous empêchent souvent d'expérimenter et d'exprimer ce fameux infini des possibles qui est naturellement à notre portée. Au lieu de cela, nous continuons de penser : « Je ne suis pas assez intelligent. Je ne suis vraiment pas capable d'être organisé. Je ne suis pas à la hauteur. Je n'ai pas assez de temps. » Combien d'entre vous laissent ce genre de croyances limitatives les arrêter continuellement ?

Vous avez le choix d'accepter ces limites ou de les dépasser une bonne fois pour toutes ! Souvenez-vous : les limitations que vous ressentez ne sont que dans votre esprit et elles n'ont rien à voir avec la réalité. Lorsque vous apprenez à abandonner vos croyances limitatives et à vous autoriser l'accès à l'infini des possibles, vous découvrirez que vous êtes, et avez toujours été, parfaitement capable et digne. Vous êtes déjà tout ce que vous souhaitez être. Vous portez déjà en vous toutes les ressources nécessaires pour faire face à la vie. Et vous avez tout le temps dont vous avez besoin. Vous pouvez voir toutes les possibilités qui s'offrent à vous et vous êtes capable d'accomplir l'impensable.

Affirmons ensemble : « Jour après jour, je deviens de plus en plus confiant et compétent. Mes capacités sont illimitées. »

VOTRE 17E EXERCICE FACE AU MIROIR

1. Pour cet exercice, je vous invite à vous asseoir confortablement sur une chaise, les mains sur les genoux et les deux pieds bien au sol. Fermez les yeux et prenez trois longues et profondes respirations : inspirez et expirez avec lenteur. Imaginez que vous portez votre tension et votre

peur comme un manteau. Imaginez-vous défaire tous les boutons les uns après les autres, puis le laisser glisser le long de vos épaules et de vos bras avant de le laisser tomber au sol. Sentez toute peur et toute tension s'écouler hors de votre corps. Sentez vos muscles se détendre. Permettez à votre corps entier de se relâcher.

2. Maintenant prenez votre miroir de poche et dites, en vous regardant profondément dans les yeux : « Je me libère de toute peur. Je relâche toute tension. Je suis en paix. La paix et la sérénité sont mes droits divins. » Répétez ces affirmations, encore et encore.
3. Fermez les yeux et prenez quelques minutes de plus pour respirer profondément. Répétez maintenant les affirmations suivantes : « Je crois en moi. Je suis une personne capable. Je peux le faire. Je peux gérer, à ma façon, tout ce qui vient à moi. Je sais que mes possibilités sont illimitées. »
4. Chaque fois que vous apercevez votre reflet aujourd'hui, répétez ces affirmations : « Je suis en paix. J'ai tout le temps dont j'ai besoin. Je suis en parfaite harmonie avec le flot de la vie et tout se fait sans effort. »

LE POUVOIR EST EN VOUS : VOTRE 17E EXERCICE DE RÉFLEXION

1. Fermez les yeux et repensez à votre passé. Voyez-vous à l'âge de 5 ans. Où êtes-vous ? À l'école ? À la maison ? Qu'aimiez-vous faire ? Comment voyiez-vous le monde ? Ouvrez vos yeux et écrivez tout ce qui vous vient à l'esprit dans votre journal.
2. Vous souvenez-vous des soucis ou des croyances négatives que vous aviez quand vous aviez 5 ans ? Vous souvenez-vous de vos peines, de vos douleurs, ou de tout événement marquant ? Écrivez-les tous.
3. À côté de toutes les croyances que vous avez énumérées à l'étape 2, inscrivez les vraies raisons à l'origine de ces croyances. Peut-être que vos parents, après une mauvaise journée au travail, vous ont dit quelque chose qui n'était pas vrai. Peut-être un ami d'enfance qui était lui-même mal aimé a décidé de reporter sa douleur sur vous. Écrivez toutes vos pensées dans votre carnet.
4. Faites une liste de tout ce qui vous cause du stress cette semaine. L'une de ces choses est-elle en lien avec une pensée

limitative de votre enfance ? Prenez le temps d'écrire vos pensées et réflexions les plus intimes.

VOTRE 17E PENSÉE DU CŒUR : « JE SUIS PRÊT À DÉCOUVRIR L'ENSEMBLE DES POSSIBILITÉS QUI SONT EN MOI »

Que signifie pour vous « l'infini des possibles » ? Pensez-y comme un infini d'opportunités, dépassant toutes limites. Laissez votre esprit s'ouvrir bien au-delà des pensées telles que : « C'est impossible. Cela ne fonctionnera pas. Il n'y a pas assez de temps. Il y a trop d'obstacles. »

Combien de fois avez-vous exprimé ces pensées limitatives : « Je ne peux pas le faire, parce que je suis une femme », « Je suis un homme, je ne peux pas faire ça ! Je n'en suis pas capable. » Vous vous accrochez à vos limites parce qu'elles sont importantes pour vous, mais elles vous empêchent d'exprimer et d'expérimenter l'infini des possibles. Chaque fois que vous pensez « je ne peux pas », vous vous limitez. Êtes-vous prêt à aller au-delà de ce que vous croyez aujourd'hui ?

VOTRE 17E MÉDITATION : AFFIRMATIONS POUR UNE VIE SANS STRESS

Les pensées négatives et craintives ne font qu'ajouter du stress à votre vie. Voici quelques affirmations que vous pouvez répéter où que vous soyez – en face de votre miroir, dans la voiture, à votre bureau – lorsque ces pensées polluantes recommencent à faire surface :

« Je me libère de toute crainte et de toute forme de doute.
La vie devient simple et facile pour moi.
Je crée pour moi un monde sans stress.
J'inspire et expire avec lenteur, me détendant de plus en plus à chaque souffle.
Je suis une personne capable et je peux gérer comme bon me semble tout ce qui vient à moi.
Je suis centré et concentré, et je me sens plus en sécurité de jour en jour.
Je peux librement exprimer ce que je ressens.
Je peux rester serein dans n'importe quelle situation.
Je me fais confiance pour faire face à tous les problèmes qui se présentent à moi.
Je me rends compte que le stress n'est qu'un produit de la peur. Je me libère maintenant de toutes mes peurs. »

JOUR 18

ACCUEILLEZ VOTRE PROSPÉRITÉ

Êtes-vous un aimant, attirant aisément à vous miracles, argent, prospérité et abondance? Aujourd'hui vous apprenez comment vous pouvez l'être: il vous suffit simplement de vous ouvrir!

C'est un excellent moment pour un peu d'introspection. Relisez les notes que vous avez écrites dans votre carnet au tout début de ce cours. Voyez-vous combien vous avez appris? Remarquez-vous à quel point il vous est plus confortable de répéter vos affirmations devant votre miroir? Vous voyez bien que vous êtes déjà un aimant à miracles!

Croyez-vous que vous pouvez également attirer argent, prospérité et abondance? Il y a tant d'abondance dans le monde qui n'attend que vous ! Il y a plus d'argent que vous ne pourrez jamais en dépenser. Il y a plus de joie que vous ne pourrez jamais l'imaginer. Il y a plus de personnes que vous ne pourrez jamais en rencontrer. En comprenant cela, vous vous rendrez compte que vous pouvez avoir tout ce dont vous avez besoin et combler tous vos désirs.

Le pouvoir qui réside en nous est disposé à nous offrir en un éclair toute l'abondance que nous méritons et à réaliser nos rêves les plus fous. Êtes-vous ouvert pour les recevoir ? Lorsque vous voulez quelque chose, l'univers ne dit pas : « Je vais y penser. » Il y répond facilement et vous l'envoie. Cependant, vous devez être prêt et ouvert pour pouvoir le recevoir.

J'ai remarqué que, parfois, quand les gens viennent à mes conférences, ils gardent tout du long les bras croisés. Comment pourraient-ils recevoir quoi que ce soit dans cette position ? C'est un geste merveilleux que d'ouvrir vos bras de façon à ce que l'univers le remarque et réagisse.

Je vous invite à le faire maintenant. Levez-vous, étendez vos bras, et dites : « Je suis ouvert et réceptif au meilleur et à toute l'abondance de l'univers. » Maintenant, criez-le sur tous les toits pour que tout le monde l'entende !

La prospérité peut prendre de nombreuses formes : argent, amour, succès, confort, beauté, temps, connaissance. Vous créez votre prospérité en parlant et en pensant à votre abondance. Vous ne pouvez pas créer la prospérité en parlant ou en pensant à votre manque. Lorsque vous vous concentrez sur le manque, vous ne faites que lui donner de l'importance, et donc vous créez une plus grande sensation de manque. La pauvreté mène à la pauvreté. Les pensées emplies de gratitude sont votre chemin vers l'abondance.

Votre travail avec votre miroir est un outil très puissant qui vous aidera à attirer plus de prospérité dans votre vie. Lorsque vous laissez l'abondance de l'univers s'écouler librement dans toutes vos expériences, vous pouvez recevoir tout ce que vous désirez. Il vous suffit simplement de continuer votre pratique avec votre miroir !

Tout ce que vous donnez vous revient. Toujours. Si vous prenez de la vie, alors la vie prendra de vous. C'est aussi simple que cela. Vous pensez peut-être ne jamais voler, mais comptez-vous les trombones et les timbres que vous ramenez du bureau à la maison ? Êtes-vous une personne qui vole le temps ou prive les autres de respect ? Toutes ces attitudes annoncent à l'univers : « Je ne mérite vraiment pas les bonnes choses de la vie. Je dois les voler, je dois filouter. »

Prenez conscience des croyances qui peuvent bloquer tout flux d'argent et de prospérité dans votre vie. Ensuite, utilisez votre miroir pour transformer ces croyances en de nouvelles pensées positives. La meilleure chose que vous puissiez faire si vous avez des problèmes d'argent est de développer une forte croyance selon laquelle vous méritez et recevez joyeusement la prospérité qui s'offre à vous.

Il y a à ce sujet, deux affirmations que j'ai utilisées pendant de nombreuses années et qui fonctionnent très bien pour moi. Et je suis persuadée que pour vous aussi, elles feront des merveilles ! Les voici : « Mon revenu augmente constamment » et « Je prospère partout où je me trouve. »

Quand quelque chose de bon entre dans votre vie, dites-lui « oui ! » Ouvrez-vous afin de recevoir le meilleur. Dites « oui ! » à votre monde. Les chances et la prospérité se multiplieront. Une fois par jour, ouvrez grand vos bras et dites avec joie : « Je suis ouvert et réceptif à toute l'abondance de l'univers. Merci, la vie ! » La vie vous entendra et répondra promptement.

Affirmons ensemble : « La vie subvient à tous mes besoins avec abondance. Je fais confiance à la vie. »

VOTRE 18E EXERCICE FACE AU MIROIR

1. Aujourd'hui, je vous invite à vous concentrer sur le fait d'accepter et d'accueillir votre prospérité. Levez-vous les bras tendus et dites : « Je suis ouvert et réceptif à tout ce qu'il y a de mieux pour moi. »
2. Maintenant regardez-vous dans votre miroir et répétez encore une fois : « Je suis ouvert et réceptif à tout ce qu'il y a de mieux pour moi. » Laissez les mots s'écouler depuis votre cœur : « Je suis ouvert et réceptif à tout ce qu'il y a de mieux pour moi. »
3. Répétez cette affirmation dix fois de plus.
4. Notez comment vous vous sentez. Vous sentez-vous libéré ? Faites cet exercice tous les matins jusqu'à la fin des 21 jours. C'est une merveilleuse façon d'augmenter votre conscience de la prospérité.

LE POUVOIR EST EN VOUS : VOTRE 18E EXERCICE DE RÉFLEXION

1. Quelles sont vos croyances concernant l'argent ? Retournez face à votre miroir, regardez-vous dans les yeux et répétez : « Ma plus grande crainte concernant l'argent est [énoncez votre peur]. » Notez votre réponse et l'origine de cette croyance ou de cette crainte.
2. Qu'avez-vous appris de l'argent lorsque vous étiez enfant ? Comment traitait-on les ressources financières dans votre famille ? Comment gérez-vous l'argent aujourd'hui ? Écrivez vos pensées. Voyez-vous toutes les croyances que vous avez accumulées ?
3. Maintenant, transformons vos anciennes croyances au sujet de la prospérité. Comment vous sentiriez-vous si vous possédiez toutes les choses que vous avez toujours voulues ? Quelles seraient-elles ? À quoi ressemblerait votre vie ? Où voyageriez-vous ? Que feriez-vous ? Ressentez tout avec précision. Profitez-en, soyez créatif et amusez-vous !

VOTRE 18E PENSÉE DU CŒUR : « JE SUIS UNE PERSONNE QUI DIT : “OUI !” »

Je sais que je ne fais qu'un avec la vie. Je suis entourée et imprégnée d'une sagesse infinie. Par conséquent, je compte entièrement sur l'univers pour toujours me soutenir de la meilleure et de la plus surprenante des façons. Tout ce dont j'aurais peut-être besoin est déjà là à m'attendre. Cette planète possède plus de nourriture que je ne pourrai jamais en manger. Il y a plus d'argent que je ne pourrai jamais en dépenser. Il y a plus de personnes que je ne pourrai jamais en rencontrer. Il y a plus d'amour que je ne pourrai peut-être en éprouver. Il y a plus de joie que je ne peux même l'imaginer. Ce monde a tout ce que je désire et tout ce dont j'ai besoin. Je n'ai qu'à me servir.

L'esprit universel, l'intelligence infinie, me dit toujours « oui ». Peu importe ce que je choisis de croire, de penser ou de dire, l'univers me répond toujours par l'affirmative. Je n'ai donc pas de temps à perdre avec des pensées négatives. Je choisis de me voir et de vivre de la manière la plus positive qui soit.

Je dis « oui ! » à toutes les merveilleuses opportunités et à toute la prospérité qui s'offrent à moi. Je dis « oui ! » à tout ce qu'il y a de meilleur. Je suis une personne positive vivant dans un monde positif, à qui l'univers répond toujours « oui ! », et je me réjouis qu'il en soit ainsi.

Je suis reconnaissante de ne faire qu'un avec la sagesse universelle et d'être soutenue par le pouvoir infini de l'univers.

VOTRE 18E MÉDITATION : ACCUEILLEZ VOTRE PROSPÉRITÉ

Vous ne pourrez jamais créer la prospérité en parlant ou en pensant à votre manque d'argent. Cela revient à gaspiller le pouvoir de votre pensée et ne peut donc pas vous apporter l'abondance. Croire à la possibilité du manque ne fait que créer plus de manque. La pauvreté mène à la pauvreté. Seules les pensées emplies de gratitude peuvent vous apporter l'abondance.

De nombreuses attitudes et affirmations peuvent vous empêcher d'accéder à la prospérité: le ressentiment envers les autres en est un exemple. La jalousie ne fait que construire un mur entre vous et ce que l'univers a à vous offrir. Les affirmations négatives comme: « Il n'y a jamais assez d'argent » et « L'argent se dépense plus vite qu'il ne se gagne » sont des croyances pauvres du plus mauvais goût. L'univers ne peut s'accorder qu'à votre commandement, lui-même dicté par vos croyances au sujet de la vie et de vous-même. Examinez toutes les pensées négatives que vous avez sur l'argent et choisissez de vous en défaire une bonne fois pour toutes. Elles ne vous ont de toute façon pas bien servi par le passé, alors vous pouvez être sûr qu'elles ne vous serviront pas mieux à l'avenir.

Vous pouvez vous amuser à acheter un billet de loterie, mais ne perdez pas votre temps à imaginer que vous allez gagner et que cela résoudra vos problèmes. C'est une pensée basée sur la croyance qu'il existe un manque à combler et gagner ne créerait de toute façon pas d'abondance durable. Gagner à la loterie apporte rarement des changements positifs dans la vie des gens. En fait, la plupart des gagnants de la loterie perdent presque tous leurs gains au cours des deux premières années et ont souvent plus de soucis financiers après avoir gagné qu'ils n'en avaient auparavant. Si vous pensez que gagner à la loterie va résoudre tous vos problèmes, vous vous trompez, car cela ne vous aide pas à changer vos croyances profondes et votre niveau de conscience. C'est comme si vous déclariez à l'univers : « Je ne mérite pas de recevoir l'abondance dans ma vie sauf une fois, par un coup de chance extraordinaire. » Si vous changez votre façon de penser pour permettre à l'abondance de l'univers de circuler librement dans votre vie, vous pourrez avoir toutes les choses que vous êtes persuadé ne pouvoir vous offrir qu'en gagnant à la loterie. Et mieux encore, vous pourrez les conserver, car elles seront à vous par droit de conscience.

Affirmer, déclarer, mériter et autoriser sont les étapes à suivre pour attirer des richesses beaucoup plus grandes que vous ne pourriez jamais gagner grâce à une loterie. Ouvrez votre conscience à de nouvelles croyances concernant l'argent, et vous n'en manquerez plus !

Si vous voulez plus d'argent et de prospérité dans votre vie, répétez les affirmations suivantes avec conviction :

« Je suis un aimant à argent. J'attire à moi la prospérité sous toutes ses formes.
Au travail, je suis profondément apprécié et bien payé.
Je vis dans un univers aimant, abondant, harmonieux, et j'en suis reconnaissant.
Je suis ouvert et prêt à recevoir la prospérité illimitée qui existe partout autour de moi.
La loi d'attraction ne m'apporte que du bien. Je modifie mes croyances, la pauvreté devient prospérité et mes finances reflètent ce changement.
Le meilleur s'offre toujours à moi, partout et de la part de tout le monde.

J'exprime ma gratitude pour toutes les bénédictions dans ma vie. Chaque jour apporte de merveilleuses nouvelles surprises.
Je paie mes factures avec amour et je me réjouis en écrivant chaque chèque. L'abondance coule librement à travers moi.
Je mérite le meilleur et j'accepte le meilleur maintenant.
Je libère toute résistance à l'argent et le laisse abonder joyeusement dans ma vie. Mon abondance provient de partout et de tout le monde. »

JOUR 19

Vivez avec gratitude

Aujourd'hui la journée est consacrée aux remerciements. Remerciez la vie pour tous ses nombreux dons et apprenez à vivre avec gratitude, tous les jours.

Saviez-vous que prospérité et gratitude vont de pair ? Je suis toujours reconnaissante d'être un avec la sagesse universelle et d'être toujours soutenue par le pouvoir universel. J'ai remarqué que l'univers aime la gratitude. Plus vous êtes reconnaissant, plus vous obtenez de l'univers ! Et je ne parle pas seulement de biens matériels. Je parle de toutes les personnes, de tous les lieux et de toutes les expériences qui rendent la vie si merveilleuse et font qu'elle vaut la peine d'être vécue.

Regardez à quel point vous vous sentez bien quand votre vie est remplie d'amour, de joie, de santé et de créativité, que tous les feux sont verts pour vous et qu'il y a toujours une place de parking qui vous attend ! C'est ainsi que notre vie est destinée à être vécue. Voilà comment nos vies peuvent être, si nous vivons avec reconnaissance. L'univers est généreux, abondant, et il aime être apprécié.

Pensez à ce que vous ressentez lorsque vous offrez un cadeau à un ami. Si la personne le regarde et fronce les sourcils, ou vous dit : « Ce n'est pas mon style » ou « Jamais je n'irai utiliser un truc comme ça », vous serez probablement peu enclin à lui faire un nouveau cadeau. Cependant, si les yeux de votre ami s'illuminent de plaisir, qu'il est heureux et reconnaissant, vous aurez envie de lui faire plaisir chaque fois que vous verrez quelque chose qu'il aimerait avoir.

Depuis un certain temps déjà, j'ai accepté chaque compliment et chaque cadeau avec la pensée suivante : « J'accepte cela avec joie, plaisir et gratitude. » J'ai appris que l'univers aime cette expression, et depuis que je l'utilise, je reçois constamment les plus merveilleux cadeaux !

Soyez reconnaissant dès votre réveil. Si vous commencez votre journée en disant : « Merci, lit, pour cette si bonne nuit de sommeil », alors il devient très facile de continuer à penser à tout ce qui vous offre des occasions d'être reconnaissant. Au moment où je sors enfin du lit, j'ai probablement exprimé ma gratitude envers 80 ou 100 personnes différentes, lieux, choses et expériences dans ma vie.

Et le soir, juste avant de vous endormir, passez en revue votre journée. Bénissez-la et soyez reconnaissant pour toutes vos expériences, même les plus difficiles. Si vous sentez que vous avez fait une erreur ou pris une décision qui n'était pas la meilleure, pardonnez-vous.

Soyez reconnaissant pour toutes les leçons que vous avez apprises, même celles qui vous sont douloureuses. Ce sont de petits trésors qui vous ont été offerts et plus vous apprenez d'eux, plus votre vie évoluera pour le mieux. Réjouissez-vous quand vous apercevez une partie de votre côté sombre. Cela signifie que vous êtes prêt à vous libérer de quelque chose qui jusque-là vous entravait. Dites-vous : « Merci de me montrer cela, afin que je puisse le guérir et évoluer. »

Passez autant de temps que possible, aujourd'hui et tous les jours, à éprouver de la reconnaissance pour tout le bien dans votre vie. Si votre vie est actuellement compliquée, sachez que le meilleur reste à venir. Si votre vie est déjà emplie d'abondance, tenez-vous prêt, elle va encore augmenter ! C'est gagnant-gagnant. Vous êtes heureux, donc l'univers est heureux. La gratitude est réellement ce qui vous aide à augmenter votre abondance.

Lorsque vous interagissez avec les autres aujourd'hui, dites-leur combien vous êtes reconnaissant pour ce qu'ils ont fait. Dites-le aux vendeurs, aux serveurs, aux postiers, aux employeurs, aux employés, aux amis, à la famille et même à de parfaits étrangers. Aidez-nous à faire de ce monde un monde empli de reconnaissance!

Affirmons ensemble: «Je donne joyeusement à la vie, et la vie me le rend avec amour.»

VOTRE 19E EXERCICE FACE AU MIROIR

1. Lorsque vous vous réveillez le matin et ouvrez les yeux, affirmez avec tendresse et joie: «Bonjour, mon lit! Je suis si reconnaissant pour la chaleur et le confort que tu m'as apportés. Mon cher [votre nom], c'est une merveilleuse journée qui commence. Tout est parfait.»
2. Prenez quelques minutes de plus pour vous détendre dans votre lit et pensez

à toutes les choses pour lesquelles vous pouvez être reconnaissant.

3. Lorsque vous êtes prêt à vous lever, dirigez-vous vers votre miroir de salle de bains et prenez le temps de vous regarder dans les yeux avec tendresse. Continuez d'énumérer les nombreuses choses pour lesquelles vous êtes reconnaissant. Récitez-les comme vous diriez vos affirmations quotidiennes : « Je suis reconnaissant d'avoir un si beau sourire. Je suis reconnaissant de me sentir en bonne santé aujourd'hui. Je suis reconnaissant d'avoir un travail aujourd'hui. Je suis reconnaissant pour les amis que je vais rencontrer aujourd'hui. »
4. Chaque fois que vous apercevez votre reflet dans un miroir aujourd'hui, arrêtez-vous et dites une affirmation pour une chose pour laquelle vous êtes reconnaissant à cet instant.

LE POUVOIR EST EN VOUS : VOTRE 19E EXERCICE DE RÉFLEXION

1. Cultivez chaque jour une attitude emplie de gratitude. Pourquoi ne pas tenir un journal de gratitude ? Notez-y chaque jour au moins une chose pour laquelle vous êtes reconnaissant. Écrivez une affirmation correspondant à chacune de ces choses, que vous pourrez répéter face à votre miroir.
2. Lisez des histoires inspirantes sur le pouvoir de la gratitude. (Mon livre *Gratitude : a Way of Life* contient des citations de 48 des personnes les plus inspirantes que je connaisse, et vous pouvez également trouver de superbes histoires dans *Attitude of Gratitude : 21 Life Lessons*, par Keith D. Harrell. Écrivez une histoire inspirante sur la gratitude basée sur votre propre expérience ou celle de quelqu'un que vous connaissez.

VOTRE 19E PENSÉE DU CŒUR : « JE DONNE ET REÇOIS GRACIEUSEMENT »

Au fond de mon être se trouve un puits de gratitude infini. Je laisse maintenant cette gratitude emplir mon cœur, mon corps, mon esprit, ma conscience, mon être tout entier. Cette gratitude rayonne en moi et se propage dans toutes les directions, touchant tout dans mon monde avant de me revenir multipliée, m'offrant une nouvelle raison d'être reconnaissant. Plus je ressens de gratitude, plus je suis conscient que c'est un sentiment infini.

L'appréciation et l'acceptation agissent comme de puissants aimants à miracles, et ce, à chaque instant de la journée. Les compliments sont des cadeaux de prospérité. J'ai appris à les accepter gracieusement. Si quelqu'un me complimente, je lui souris et réponds : « Merci. »

Chaque jour qu'il m'est donné de vivre est un cadeau sacré. J'ouvre les bras pour recevoir la pleine mesure de la prospérité que l'univers a à m'offrir. J'y suis ouverte jour et nuit.

L'univers me soutient de toutes les manières possibles. Je vis dans un univers affectueux, abondant, harmonieux, et j'en suis reconnaissante. Il y a des moments dans la vie cependant où, quoi que l'univers m'offre, je ne suis pas en mesure de donner en retour. Je peux penser à de nombreuses personnes qui m'ont énormément aidée à certains moments où je n'étais pas en mesure de leur rendre la pareille. Mais plus tard, j'ai moi-même été en mesure d'aider les autres à mon tour, et c'est ainsi que la vie fonctionne ! Je me détends et je me réjouis de l'abondance et de la gratitude qui s'offrent à moi à chaque instant.

VOTRE 19E MÉDITATION : QUE LA LUMIÈRE SOIT

Cet exercice est un duo, alors invitez un ami ou un membre de votre famille à vous rejoindre et asseyez-vous face à votre partenaire. Tenez-vous les mains et regardez-vous dans les yeux. Prenez une profonde inspiration et expirez en libérant toute crainte que vous pourriez ressentir. Prenez une nouvelle inspiration et cette fois-ci libérez-vous de tout jugement. Autorisez-vous à simplement être présent avec cette personne.

Ce que vous voyez en votre partenaire est un reflet de vous-même, un reflet de ce qui est en vous. Car nous ne faisons qu'un. Nous respirons le même air. Nous buvons la même eau. Nous mangeons les aliments de la terre. Nous avons les mêmes désirs et les mêmes besoins. Nous voulons tous être en bonne santé. Nous voulons tous aimer et être aimés. Nous voulons tous vivre confortablement et paisiblement. Et nous voulons tous prospérer. Nous voulons tous vivre une vie épanouie.

Permettez-vous de regarder votre partenaire avec amour, et restez ouvert afin de pouvoir recevoir en retour. Sachez que vous êtes en sécurité. Comme vous avez l'habitude de le faire pour vous-même, énoncez mentalement sous forme d'affirmations tout ce que vous souhaitez pour votre partenaire : une excellente santé, des relations emplies d'amour afin qu'il soit toujours entouré de personnes aimantes, prospérité et sécurité afin qu'il puisse vivre confortablement... Sachant que tout ce que vous donnez vous revient multiplié, souhaitez-lui sincèrement le meilleur. Car il le mérite. Voyez votre partenaire ouvert et prêt à accepter le meilleur de la vie. Ainsi soit-il !

JOUR 20

MIROIR, MON AMI : ENSEIGNER AUX ENFANTS À UTILISER LEUR MIROIR

Les enfants aussi sont stressés par la vie. Aujourd'hui, vous apprenez à pratiquer ce travail avec les plus jeunes et à admirer les miracles qui se produisent.

Vous voilà presque à la fin de ce cours et vous avez si merveilleusement changé ! Je salue votre engagement et votre dévouement ! Chaque jour, vous pratiquez votre travail face à votre miroir et vous vous apportez de l'amour. Chaque fois que vous faites cela, vous vous libérez de toutes vos anciennes croyances négatives. Vous les portiez depuis si longtemps sans même savoir qu'elles ne vous appartenaient pas. Nous avons simplement été éduqués ainsi, car enfants nous avons absorbé chaque mot qui nous a été adressé. Et plus nous entendions nos parents, ou d'autres adultes, dire des choses négatives sur nous, plus nous les croyions.

En grandissant, nous nous sommes souvent attribué des surnoms cruels et nuisibles, nous rabaissant les uns les autres. Pourquoi ? Où avons-nous appris à nous comporter de la sorte ? Beaucoup d'entre nous se sont vus asséner par leurs parents ou enseignants qu'ils étaient bêtes, stupides ou paresseux, qu'ils étaient des fauteurs de troubles et qu'ils n'étaient pas assez bons. Peut-être que nous avons d'abord réfuté ces accusations, mais avec le temps, nous avons fini par y croire. Nous ignorions à l'époque combien ces croyances continueraient de nous blesser, ni combien la douleur et la honte deviendraient profondes.

Revenez sur les leçons de ce cours qui ont été les plus difficiles pour vous, celles qui vous ont permis de déterrer ces anciennes croyances qui continuaient de vous entraver et de vous heurter jusqu'à maintenant. Avez-vous découvert que ces croyances sont souvent issues de blessures datant de votre enfance ou de votre passé ?

On ne m'a jamais enseigné à l'école l'effet qu'aurait sur ma vie le simple choix de mes mots. Personne ne m'a appris que mes pensées étaient créatrices, qu'elles pouvaient littéralement façonner ma destinée, ou que ce que je disais verbalement me reviendrait sous forme d'expériences. Personne ne m'a jamais appris que je valais la peine d'être aimée ou que je ne méritais que le meilleur. Personne ne m'a appris que la vie était là pour me soutenir.

Mais nous avons la chance de pouvoir changer cela pour nos enfants. Une des choses les plus importantes que nous puissions faire pour eux est de leur rappeler sans cesse cette vérité fondamentale que nous partageons tous : nous méritons d'être aimés. Notre rôle en tant que parents n'est pas d'être parfaits, de tout faire bien, mais d'être aimants et attentionnés.

Les enfants d'aujourd'hui ont beaucoup plus de problèmes à traiter que nous lorsque nous avions leur âge. Ils sont constamment bombardés de nouvelles sur l'état critique du monde et doivent continuellement faire des choix complexes. La façon dont les enfants traitent ces défis est un reflet direct de la façon dont ils se sentent vraiment eux-mêmes. Plus les enfants s'aiment et se respectent, plus il leur sera facile de faire les bons choix dans la vie.

Il est important que nous transmettions à nos enfants un sentiment d'indépendance, de pouvoir ajouté à la connaissance et l'assurance qu'ils peuvent faire une différence dans le monde d'aujourd'hui. Par-dessus tout, il est important de leur apprendre à aimer qui ils sont et de savoir qu'ils sont assez bons quoi qu'il arrive.

Les jeunes nous regardent et écoutent chaque mot que nous prononçons, alors soyons un brillant exemple ! N'utilisez que des déclarations et affirmations positives. Quand vous commencerez à les croire, vos enfants y croiront aussi.

Prenez soin de tout enfant comme vous apprenez à prendre soin de vous. Rappelez-vous : personne n'a l'enfant « parfait » ou le parent « parfait ». Nous sommes tous tenus de faire de mauvais choix à un moment ou à un autre. Cela fait simplement partie du processus d'apprentissage et de croissance. Ce qui est important, c'est d'aimer votre enfant de façon inconditionnelle et, surtout, de vous aimer vous-même. Si vous le faites, vous verrez des miracles se produire pour vos enfants aussi bien que pour vous-même.

Affirmons ensemble : « Je peux être tout ce que je veux. Je peux faire tout ce que je veux. La vie me soutient toujours. »

VOTRE 20E EXERCICE FACE AU MIROIR

1. Je voudrais que vous regardiez la vidéo d'une merveilleuse petite fille répétant ses affirmations quotidiennes. Elle s'intitule *Jessica's Daily Affirmation*. Vous la trouverez en anglais avec le lien suivant : www.youtube.com/watch?v=qR3rK0kZFkg.
2. Regardez cette vidéo avec votre enfant ou n'importe quel enfant de votre entourage. Et pourquoi pas avec votre enfant intérieur ?
3. Invitez votre enfant à créer ses propres affirmations quotidiennes, comme Jessica dans la vidéo. Demandez à votre enfant ce qui le rend heureux. De quoi est-il reconnaissant ? Montrez-lui comment se le dire à soi-même en faisant face à un miroir.
4. Vous pouvez commencer cet exercice en invitant votre enfant à vous regarder faire votre propre travail face à votre miroir. Peut-être peut-il même se joindre à vous et faire de même ? Choisissez des affirmations simples comme : « Je t'aime. J'aime tout en toi. Je suis génial ! Je suis beau ! J'ai des cheveux merveilleux ! Je peux danser comme une star de télévision ! »

5. Prévoyez un moment chaque jour pour jouer devant un miroir avec votre enfant, même si cela ne prend que quelques minutes le matin.

LE POUVOIR EST EN VOUS : VOTRE 20E EXERCICE DE RÉFLEXION

1. Commencez l'exercice d'aujourd'hui en lisant une histoire extraite de mon livre *Les Aventures de Lulu*. Vous le trouverez (en anglais) à l'adresse suivante : www.louisehay.com/learning-mirror-work.
2. Préparez des feuilles de papier à dessin, des feutres et crayons de couleur, de la colle et demandez à votre enfant de dessiner un miroir magique dans lequel il pourra voyager, tout comme Lulu. Encouragez-le également à décorer son vrai miroir en y collant de jolies photos, en y ajoutant des paillettes et toutes sortes d'autocollants colorés.
3. Avec votre enfant, regardez-vous dans le miroir magique à tour de rôle en vous

adressant de merveilleux compliments et affirmations.

4. Notez-les tous dans votre journal afin de pouvoir les répéter ensemble chaque matin.

VOTRE 20E PENSÉE DU CŒUR : « JE COMMUNIQUE OUVERTEMENT AVEC MES ENFANTS »

Il est extrêmement important de communiquer ouvertement avec vos enfants, surtout pendant l'adolescence. Si souvent ils s'entendent dire des choses comme : « Ne dis pas ci. Ne fais pas ça. Tu ne devrais pas ressentir cela. Tu ne devrais pas être comme ça. Ne montre pas ça. » Si tout ce qui leur est adressé est une interdiction, ils cesseront alors de communiquer.

Plus tard, quand les enfants sont plus âgés, ce sont les parents qui finalement se plaignent : « Mes enfants ne m'appellent jamais. » Pourquoi n'appellent-ils pas ? Parce qu'il y a longtemps que toute vraie forme de communication a été coupée, voilà pourquoi.

Ce n'est que si vous êtes ouvert avec vos enfants, si vous utilisez des affirmations positives comme « Il est normal de se sentir triste», «On peut en parler si tu veux», et que vous les encouragez à partager leurs sentiments, que la communication pourra être restaurée.

VOTRE 20E MÉDITATION : ACCUEILLIR VOTRE ENFANT INTÉRIEUR

Fermez les yeux et placez une main sur votre cœur. Permettez-vous non seulement de voir votre enfant intérieur, mais aussi d'être cet enfant. Demandez à quelqu'un de vous assister en vous lisant le paragraphe suivant et imaginez que ce sont vos propres parents qui s'adressent à vous :

«Nous sommes si heureux que tu sois là. Nous t'avons attendu pendant longtemps. Nous voulions tellement que tu fasses partie de notre famille. Tu es si important pour nous. Notre famille ne serait pas la même sans toi. Nous t'aimons, et nous voulons te soutenir. Nous voulons t'aider à grandir, à devenir tout ce que tu souhaites être. Tu n'as pas à être comme nous, tu sais. Tu es libre d'être pleinement toi-même, car nous t'aimons parfaitement tel que tu es. Tu es unique. Tu es si beau, si merveilleux. Tu es si brillant. Tu es si créatif. Nous sommes tellement reconnaissants de t'avoir dans notre vie. Merci de nous avoir choisis pour être ta famille. Nous savons que tu es béni, car tu nous as bénis en venant au monde. Nous t'aimons. Nous t'aimons de tout notre cœur. Merci. »

Laissez votre enfant intérieur vous aider à ressentir la véracité de ces mots. Soyez conscient que chaque jour vous pouvez vous regarder dans votre miroir et vous répéter ce paragraphe. Vous pouvez vous dire toutes les choses que vous voudriez que vos parents vous disent. Votre enfant intérieur a besoin de se sentir reconnu et aimé, alors offrez-le-lui !

Peu importe votre âge, votre état de santé ou combien est effrayé l'enfant en vous, il a besoin de reconnaissance et d'amour. Continuez à lui dire : « Je te veux et je t'aime. » C'est valable et vrai pour vous aussi : l'univers vous veut, et c'est pourquoi vous êtes ici. Vous avez toujours été aimé et vous serez toujours aimé tout au long de votre vie. Vous pouvez vivre heureux pour toujours. Ainsi soit-il !

JOUR 21

Aimez-vous maintenant

Grâce au travail avec votre miroir, vous découvrez que vous êtes parfait exactement tel que vous êtes, et que vous aimer peut guérir tous les maux.

Félicitations, chers lecteurs ! Vous voilà arrivés au dernier des 21 jours de votre aventure. Il vous rapproche de la découverte d'un des plus grands trésors de votre vie : le cadeau de l'amour de soi.

Ce n'était pas un voyage facile, je sais. Il y a eu quelques difficultés et challenges sur le chemin, mais vous avez persévéré. Je suis tellement fière de vous !

Tout au long de ce voyage, vous avez utilisé votre miroir pour vous aider à examiner votre dialogue intérieur, calmer votre critique intérieur, pardonner ceux qui vous ont blessé et vous libérer des peurs, anciennes croyances et modèles de pensée négatifs. Et ce faisant, vous avez ouvert une véritable caverne aux trésors en vous.

Je vous souhaite sincèrement de toujours vous rappeler qu'il existe une force en vous capable de tout guérir : la force de votre propre amour ! Plus vous continuerez à vous aimer, chaque jour, de plus en plus, plus votre vie s'améliorera : vous vous sentirez beaucoup mieux, vous obtiendrez le travail que vous voulez et vous aurez tout l'argent dont vous avez besoin. Vos relations s'amélioreront d'elles-mêmes, et celles qui ne vous servent plus se dissoudront toutes seules, laissant la place à de nouvelles.

Bien que vous ayez terminé ce cours, votre collaboration avec votre miroir vient tout juste de commencer, ça, c'est quelque chose que vous pouvez continuer de pratiquer tous les jours. Vous rencontrerez probablement de nouveaux challenges et même quelques résistances lorsque vous continuerez le voyage. Mais vous serez prêts. Vous serez en mesure de vous relever, de regarder dans votre miroir et de vous rappeler que vous êtes digne d'être aimé. Vous êtes parfait tel que vous êtes. Vous méritez le meilleur que la vie a à offrir. Vous êtes un aimant à miracles !

Conservez votre miroir et continuez de l'emmener partout avec vous. Continuez de rappeler au merveilleux reflet qui vous regarde combien vous l'aimez de tout votre cœur.

Affirmons ensemble: «Quand j'exprime mon amour à moi-même et à tous ceux que je rencontre, cet amour me revient!»

Pour conclure, je vous laisse avec une liste compilant 12 façons dont vous pouvez vous aimer dès maintenant (page 221). Je souhaite qu'elle vous rappelle l'excellent travail que vous avez accompli au cours de ces trois dernières semaines… et que je vous aime!

VOTRE 21E EXERCICE FACE AU MIROIR

1. Allez à votre miroir et observez avec tendresse la belle personne qui vous regarde. Applaudissez-vous pour avoir si vaillamment complété ce cours tout en vous disant: «Je t'aime, mon chéri. Je t'aime vraiment. Tu l'as fait! Tu as fini ce cours. Je suis si fier de toi! Tu vois, tu peux accomplir tout ce que tu veux.»

2. Prenez le temps d'exprimer votre gratitude pour tout le travail que vous avez fait. Répétez les affirmations suivantes : « Merci de t'être accroché et d'avoir tenu bon. Merci d'être toujours ouvert et prêt à apprendre de nouvelles choses. Je t'aime de tout mon cœur. »
3. Engagez-vous à continuer de jouer chaque jour avec votre ami dans le miroir. Dites-vous : « Je te verrai demain. Nous allons discuter de toutes les autres choses que je souhaite changer. Je t'aime. Tu mérites d'être aimé infiniment. Tu mérites uniquement le meilleur. »

LE POUVOIR EST EN VOUS : VOTRE 21E EXERCICE DE RÉFLEXION

1. Relisez l'intégralité de votre journal, depuis le premier jour jusqu'à aujourd'hui. Revoyez chaque leçon que vous avez complétée et félicitez-vous pour tout le travail que vous avez fait.

2. Notez les domaines dans lesquels vous avez le plus progressé et ceux qui pourraient nécessiter plus de travail.
3. Répétez les leçons pour lesquelles vous ressentez un besoin d'approfondissement, avec l'aide de votre miroir.
4. Si vous le souhaitez, partagez vos commentaires sur ma page Facebook, www.facebook.com/louiselhay.
5. Et maintenant, il est temps d'aller jouer avec votre enfant intérieur !

VOTRE 21E PENSÉE DU CŒUR : « NOUS SOMMES TOUS LES GOUTTES D'UN MÊME, INDIVISIBLE ET HARMONIEUX OCÉAN »

Souvenez-vous que vous faites partie d'une communauté de personnes qui, partout, œuvrent pour faire de ce monde un monde meilleur. Nous nous sommes réunis tous ensemble à cette époque pour apprendre les uns des autres. Il est sans danger pour nous de travailler sur nous-mêmes afin de nous aimer, afin que nos vies soient bénéfiques et que nous grandissions au travers de cette expérience. Nous choisissons de travailler ensemble pour créer l'harmonie dans nos relations et dans tous les domaines de notre vie.

La grâce divine nous guide chaque instant de la journée vers la juste action à entreprendre. Nous disons les bons mots au bon moment et sommes toujours sur la bonne voie. Chacun de nous fait partie de cet ensemble infini et harmonieux.

Lorsque nous travaillons joyeusement ensemble, lorsque nous nous soutenons et nous encourageons les uns les autres, nos énergies se mêlent harmonieusement, et tout ce que nous nous offrons est productif et gratifiant. Nous sommes en bonne santé, heureux, aimants, joyeux, respectueux, encourageants, en paix avec nous-mêmes et avec les autres. Ainsi soit-il !

VOTRE 21E MÉDITATION : UN MONDE SÛR

Nous avons abordé tellement de thématiques au cours de ces 21 derniers jours ! Nous avons parlé de choses négatives et positives. Nous avons parlé de peurs et de frustrations. Beaucoup d'entre nous n'ont toujours pas suffisamment confiance en eux-mêmes pour en prendre soin, et se sentent perdus et solitaires.

Pourtant, nous avons travaillé sur nous-mêmes pendant un certain temps et nous avons remarqué que nos vies sont en train de changer. Nombre de nos problèmes ont d'ailleurs déjà disparu. Cela ne change pas du jour au lendemain, mais si nous sommes persistants et constants, des changements positifs se produisent. Alors, partageons notre énergie et notre amour avec tous ceux qui nous entourent. Souvenez-vous que comme nous donnons de tout cœur, nous recevons aussi des autres avec amour.

Ouvrons nos cœurs afin d'accueillir le monde entier avec amour, soutien et bienveillance. Offrons cet amour à tous ceux qui sont dans la rue, qui n'ont pas de maison ni aucun endroit où aller. Partageons notre amour avec ceux qui sont en colère, effrayés ou dans la douleur. Envoyons cet amour à ceux qui sont en train de quitter la planète et à ceux qui sont déjà partis.

Partageons notre amour avec tout le monde, qu'ils l'acceptent ou non. Embrassons la planète entière dans nos cœurs : les animaux, la végétation et tout être vivant. Les personnes avec qui nous sommes fâchés ou brouillés, ceux qui ne font pas les choses à notre manière et ceux qui dégagent de « mauvaises ondes » – serrons-les contre nos cœurs aussi, afin que ce nouveau sentiment de sécurité puisse les aider à se souvenir de leur véritable nature.

Voyez la paix éclairer toute la planète et sachez que vous contribuez actuellement à cette paix. Réjouissez-vous d'avoir la capacité de faire quelque chose de positif pour aider le monde. Reconnaissez combien vous êtes merveilleux. Que cela soit votre vérité. Ainsi soit-il !

En conclusion

Je suis si heureuse, cher lecteur, d'avoir pu partager avec vous cette merveilleuse méthode de développement personnel qui m'a été si précieuse tout au long de ma vie et encore à ce jour. Mon espoir est que pour vous aussi, elle devienne une habitude saine et un véhicule de croissance positive.

En conclusion, je voudrais vous laisser avec 12 conseils, pour vous rappeler comment prendre soin de vous et continuer de vous aimer, maintenant et toujours. Qu'ils soient également des rappels de ce que vous avez appris au cours des trois dernières semaines et vous fournissent un soutien continu pour une vie joyeuse et épanouissante.

Et souvenez-vous toujours : je vous aime !

Louise Hay

12 CONSEILS POUR MIEUX VOUS AIMER, AUJOURD'HUI COMME DEMAIN

1. CESSEZ TOUTE CRITIQUE

La critique ne permet en rien de changer les choses. Refusez de vous critiquer. Acceptez-vous parfaitement tel que vous êtes. Tout le monde change. Lorsque vous vous critiquez, vos changements sont négatifs. Lorsque vous vous acceptez, vos changements sont positifs.

2. PARDONNEZ-VOUS

Laissez passer le passé. Vous avez fait du mieux que vous pouviez à l'époque, avec la compréhension, la conscience et la connaissance que vous aviez. Vous êtes désormais en croissance et en changement constant et vous vivrez la vie différemment.

3. NE VOUS FAITES PAS PEUR

Arrêtez de vous terroriser avec vos pensées. C'est une façon terrible de vivre. Pensez à quelque chose d'agréable afin d'immédiatement passer d'une pensée effrayante à une pensée agréable.

4. SOYEZ GENTIL, DOUX ET PATIENT

Soyez doux avec vous-même. Soyez gentil avec vous-même. Soyez patient avec vous-même lorsque vous apprenez et intégrez de nouvelles façons de penser. Prenez soin de vous comme vous prendriez soin de toute personne que vous aimez vraiment.

5. SOYEZ GENTIL AVEC VOTRE PROPRE ESPRIT

Se haïr revient à haïr ses propres pensées. Ne vous détestez pas parce que vous avez ces pensées. Modifiez-les patiemment en affirmations positives.

6. COMPLIMENTEZ-VOUS

La critique détruit votre courage et votre esprit. Les louanges sont une source d'amour. Alors, félicitez-vous et complimentez-vous autant que vous le pouvez. Dites-vous plus souvent à quel point vous êtes merveilleux et combien vous accomplissez de belles choses.

7. SOUTENEZ-VOUS

Trouver des façons de vous soutenir. Faites appel à vos amis et permettez-leur de vous aider. Il faut être fort pour oser demander de l'aide quand on en a besoin.

8. ACCUEILLEZ AVEC AMOUR

Reconnaissez que vous avez créé tout aspect négatif dans votre vie pour répondre à un besoin. Maintenant, vous trouverez de nouvelles façons positives de répondre à ces besoins. Libérez amoureusement tous vos anciens modèles de pensée négatifs.

9. PRENEZ SOIN DE VOTRE CORPS

Renseignez-vous sur la nutrition la mieux adaptée à vos besoins. De quel type de carburant votre corps a-t-il besoin pour avoir une énergie et une vitalité optimales ? Et dépensez-vous davantage ! Quel genre d'exercices et activités sportives aimez-vous pratiquer ? Chérissez et vénérez le temple dans lequel vous vivez : votre corps.

10. AMUSEZ-VOUS !

Souvenez-vous des choses qui vous rendaient heureux lorsque vous étiez enfant et incorporez-les à nouveau dans votre vie. Trouvez un moyen de vous amuser avec tout ce que vous faites. Laissez-vous exprimer toute votre joie de vivre. Souriez. Riez. Réjouissez-vous, et l'univers se réjouira avec vous !

11. AIMEZ-VOUS... DÈS MAINTENANT !

N'attendez pas jusqu'à ce que vous vous sentiez bien ou que vous ayez perdu du poids ou encore que vous ayez obtenu un nouvel emploi ou ayez trouvé un nouvel amour. Commencez à vous aimer maintenant et faites de votre mieux.

12. CONTINUEZ DE JOUER AVEC VOTRE MIROIR

Regardez-vous plus souvent dans les yeux. Exprimez l'amour grandissant que vous ressentez à votre égard. Pardonnez-vous tout en vous regardant dans le miroir. Parlez à vos parents tout en vous regardant dans le miroir. Pardonnez-leur aussi, ne serait-ce qu'une fois.

À PROPOS DE L'AUTEURE

Louise Hay est une enseignante métaphysique et conférencière qui a inspiré des millions de personnes partout dans le monde depuis la publication en 1984 de son best-seller *Transformez votre vie*, qui s'est vendu à plus de 40 millions d'exemplaires. Louise est l'auteur de plus de 30 livres pour adultes et enfants, y compris les best-sellers *La force est en vous* et *D'accord avec mon corps*. Son livre *La vie vous aime* ainsi que les cartes associées, coécrits avec Robert Holden, explorent la signification plus profonde et les applications pratiques des affirmations créées par Louise. En plus de ses livres, Louise a produit de nombreux CD et DVD, des jeux de cartes, des cours en ligne et d'autres ressources pour vous aider à mener une vie saine, joyeuse et satisfaisante.

www.louisehay.com

Composition : Soft Office (38)

Achevé d'imprimer en février 2023
sur les presses de la Nouvelle Imprimerie Laballery
58500 Clamecy
Dépôt légal : mars 2017
Numéro d'impression : 301641

Imprimé en France

La Nouvelle Imprimerie Laballery est titulaire de la marque Imprim'Vert®